Ich lade mir gern Gäste ein

Für Tobias

Ich danke Christine Kaufmann,
daß sie mich zum Schreiben dieses Buches
überredet hat.

Meinen Freundinnen Alexandra,
Chris, Florinda, Hilde und Rosemarie
danke ich für die Überlassung
einiger ihrer köstlichen Rezepte.

Maja Schulze-Lackner

Ich lade mir gern Gäste ein

Organisieren, kochen, unterhalten
Wie es ganz ohne Stress gelingt
Tips, Tricks, Rezepte

Mary Hahn Verlag

ℐNHALT

DIE GROSSE PARTY   S. 96

EINLADUNG ZU EINEM FAMILIENFEST   S. 124

WENN SIE EINGELADEN SIND...   S. 144

REGISTER   S. 159

EINLEITUNG

MAJA
SCHULZE-LACKNER

Am Anfang war das Ei ...

Nur dunkel erinnere ich mich an die »Gesellschaften« meiner Eltern, an meine elegante, wunderbar riechende Mutter und an die angespannte Atmosphäre in der Küche.

Silber wurde geputzt, Blumen wurden arrangiert, und weil wir Kinder unbedingt mithelfen wollten, durften wir die Teppichfransen kämmen.

Unsere beiden Hausmädchen Elli und Leni, sonst immer äußerst geduldig mit mir, waren nervös und gereizt.

Endlos schienen mir die Besprechungen meiner Mutter mit unserer Köchin. Unbegreiflich, daß ein paar Menschen soviel essen sollten.

War der große Tag dann da, wurden wir in unsere schönsten Kleider gesteckt, ermahnt, uns anständig zu benehmen und den Damen die Hand zu küssen. Einmal erwischte ich auch die Hand eines Herren, was zu großer Heiterkeit Anlaß gab und mich vor Scham fast in den Boden versinken ließ.

Jahrelang wurde diese Geschichte erzählt, vielleicht habe ich sie deshalb so gut in Erinnerung behalten.

Ein anderes Mal, irgendwie hatte ich die Ankunft der ersten Gäste verpaßt, rutschte ich in meinem Rüschenkleid das Treppengeländer herunter – vom ersten Stock in die Empfangshalle. Eigentlich konnte ich das perfekt, aber als ich die fremden Menschen sah, muß ich wohl so einen Schrecken bekommen haben, daß ich mit dem Kopf vornüber auf dem Marmorfußboden landete, was eine Platzwunde, eine riesige Beule und großes Geschrei zur Folge hatte. Der Doktor wurde gerufen – Gott sei Dank hatten wir ein Telefon –, ich wurde verarztet und ins Bett geschickt.

Meistens aber ging alles glatt, nach einem Glas Saft und fünf Minuten Konversation mußten wir Kinder gehen und schlichen in die riesige Küche. Dort herrschte eine ungeheure Betriebsamkeit und Aufregung. Jetzt wurde all das, worüber tagelang gesprochen worden war, auf riesigen Silberplatten im Speisezimmer serviert, die nach einer Weile zu unserem Entzücken halb leer wieder zurückkamen. Wir Kinder durften dann soviel davon essen, wie wir wollten, was vorher natürlich strengstens verboten war. Ich kann den Duft des Lammbratens, der köstlichen Saucen und herrlichen Desserts noch immer riechen. Meine Schwestern tranken, wenn Elli mal nicht hinschaute, die Reste in den Weingläsern aus, wurden

noch alberner als sonst, während ich meistens, weil in der Hektik unbeachtet, in einer Ecke einschlief.

All das sind wunderschöne Erinnerungen. Alles erschien mir gewaltig. Der Luxus der Kristallüster, der brennenden Kerzen, das blanke Silber, die eleganten Kleider und die Heiterkeit der Gäste.

Als ich größer wurde, schrumpfte alles ein bißchen zusammen und nahm halbwegs normale Dimensionen an. Die »Gesellschaften« gab es nicht mehr, das Personal reduzierte sich, erst auf ein Hausmädchen, dann auf eine Putzfrau – und da es nun kein großes Haus zu führen und kein Personal zu beaufsichtigen gab, konzentrierte meine Mutter einen Teil ihrer Energie auf das Kochen. Einmal am Tag wurde »warm« gegessen, meistens mittags – abends aßen wir »kalt«. Zu den Mahlzeiten hatten wir alle vollzählig und pünktlich zu erscheinen. Ich habe das nie als Zwang empfunden, im Gegenteil, ich liebte es. Es wurde erzählt und gelacht, und meine Mutter genoß es, für das Essen gelobt zu werden.

EINE SCHÖNE SCHALE
MIT BLUMEN DER SAISON
SCHMÜCKT JEDEN
ESSTISCH

Sie kochte aber auch wirklich wunderbar. Ganz köstlich waren zum Beispiel ihre Senfeier, die Königsberger Klopse oder die Sonntagsbraten mit den herrlichen Sahnesaucen.

Nur ein Gericht haßte ich. Das war Graupensuppe! Mein Geschrei half nichts. Ich mußte am Tisch sitzen bleiben, und das waren manchmal Stunden, bis der letzte, inzwischen eiskalte Rest in meinem Magen war. Ich konnte nicht verstehen, daß mir meine sonst so liebevollen Eltern das antaten.

Ich interessierte mich überhaupt nicht fürs Kochen. Als ich sehr jung heiratete, gelang mir gerade mal ein Frühstücksei. Mein Vater hatte größte Befürchtungen, daß ich in kürzester Zeit zurückgegeben würde.

Mein Mann liebte es zu kochen, und wundersamerweise entdeckte auch ich sehr bald Spaß daran. Es dauerte nicht lange, da fand er heraus, daß ich es genausogut oder sogar besser

9

konnte als er – und stellte seine Aktivitäten in der Küche ein.

*S*chon in unseren ersten Ehejahren fingen wir an, Freunde einzuladen. Wir hatten eine winzige Wohnung, was uns aber nicht davon abhielt, so viele Leute einzuladen, wie an unseren Tisch paßten. Geld war zwar knapp, deshalb gab es auch meistens Eintöpfe oder Spaghetti, und der Wein war auch nicht vom Feinsten. Aber darauf kam es nicht an. Man traf sich, es wurde kommuniziert und gelacht. Und obwohl es einfach war, hatte es doch einen Hauch von Luxus: *den Luxus, Freunde einzuladen.*

Obwohl wir immer hart gearbeitet haben, kultivierten wir unsere Gastfreundschaft und tun das auch heute noch. Wir mischen alte Freunde mit neuen und bringen Menschen zusammen, die sich sonst nie kennenlernen würden. Manche Freundschaft ist so entstanden und Geschäftsbeziehungen, die sonst nie zustande gekommen wären. Wie oft in all den Jahren habe ich den Satz gehört: »Wie machst du das bloß neben all deiner Arbeit« oder »Ich könnte das nie«.

Jeder kann das – auch Sie! Und ich will Ihnen dabei helfen...

DER APERITIF VOR DEM ESSEN IST EIN MUSS, WEIL ER DIE GÄSTE OPTIMAL AUF DEN ABEND EINSTIMMT

Haben Sie Mut!

Gäste in ein Restaurant einzuladen ist einfach, aber teuer. Gäste nach Hause einzuladen ist billiger, macht Spaß und gibt jedem Gast das Gefühl, etwas Besonderes zu sein. Und wenn Sie auch noch selbst kochen, haben Sie einen Riesenerfolg. Natürlich ist es mit Arbeit und ein wenig Mühe verbunden. Aber der Hauptgrund, warum so selten nach Hause eingeladen wird, ist Angst. Die Angst, nicht gut genug kochen und organisieren zu können, das Porzellan könnte nicht schön genug sein, Gläser und Silber könnten nicht ausreichend vorhanden sein. Alles Quatsch! Ich werde Ihnen die Angst nehmen, Gäste einzuladen. Egal wie klein Ihr Haus oder Ihre Wohnung ist. Sechs bis acht Leute passen sogar in eine Ein-Zimmer-Wohnung. Haben Sie Mut zum Improvisieren!!

Mein Mut, heute zehn Leute zum gesetzten Essen oder bis zu 100 Leute zum Brunch einzuladen und alles allein zu kochen, mußte auch erst wachsen. Ich hatte kein Personal wie meine Mutter, und als wir anfingen, Gäste einzuladen, hatten wir nicht einmal eine Putzfrau. Heute habe ich eine Hilfe, die serviert und hinterher die Küche saubermacht. Und wenn sie mal ausfällt, habe ich auch ein System, aber darüber später.

Ich habe nie kochen gelernt. Alles, was ich kann, habe ich mir selbst beigebracht. Wenn mir etwas besonders gut schmeckt, bitte ich den Koch oder die Gastgeberin um das Rezept. Wenn das aus irgendeinem Grund nicht möglich ist, koche ich es einfach nach. Mein Mann behauptet, daß es ihm bei mir dann immer besser schmeckt.

Mein Buch ist kein Kochbuch im üblichen Sinn, obwohl es Rezepte enthält, die Sie leicht nachkochen und mit denen Sie auch die anspruchsvollsten Gäste bewirten können. Es soll Ihnen vor allem eine Hilfe sein, auf kleinstem Raum Freunde einzuladen, den Tisch hübsch zu decken und in der winzigen Küche für mehr Personen als die eigene Familie zu kochen.

FANGEN SIE KLEIN AN

....

PRAKTISCH:
EIN BEISTELLTISCH

*M*it Sicherheit haben Sie einen Tisch, an dem vier bis sechs Personen Platz haben. Es kann ruhig eng sein. Aber Teller, Bestecke und Gläser müssen darauf passen, und jeder sollte die Möglichkeit haben, den Löffel oder die Gabel bequem an den Mund führen zu können, ohne am Arm des Nachbarn hängenzubleiben.

Wenn der Tisch zu klein ist, um in der Mitte die Speisen abzustellen, nehmen Sie einen Beistelltisch. Es geht auch eine Kiste mit einer Tischdecke darüber. In die Mitte des Eßtisches passen dann Kerzen oder Blumen. Vergessen Sie auf keinen Fall Pfeffer und Salz. Mancher Gast wagt nämlich nicht, danach zu fragen, aus Angst, die Köchin zu beleidigen.

Wen wollen Sie einladen?

Sicher waren Sie schon bei Freunden zu Gast und haben ein ganz schlechtes Gewissen, weil Sie sie noch nie zu sich eingeladen haben. Die Ausreden sind bekannt. Zuviel Arbeit, die Wohnung ist zu klein, und kochen können Sie auch nicht (jedenfalls nicht für Gäste).

Also, damit ist es jetzt vorbei! Nehmen Sie Ihren Mut zusammen und besprechen Sie mit Ihrem Mann oder Partner, wen Sie einladen wollen. Fangen Sie mit sechs Personen an, d. h. vier Gäste, Sie und Ihr Mann. Glauben Sie mir, es ist einfacher und auch lustiger zu sechst als nur zu viert. Es gibt mehr Gesprächsthemen, weil sechs Leuten einfach mehr einfällt als vier. Wenn Sie jemanden einladen müssen, von dem Sie von vornherein wissen, daß er nicht sehr amüsant ist, laden Sie Freunde dazu ein, die lustig sind.

Bringen Sie ruhig Menschen zusammen, die sich nicht kennen, aber von denen Sie annehmen, daß sie zueinander passen könnten. Machen Sie sich eine Liste von den Personen, die Sie einladen wollen. Ich habe immer einige Leute mehr auf meiner Liste, da nicht alle immer an dem Tag, den Sie ausgesucht haben, Zeit haben.

Wie laden Sie ein?

Zu einem kleinen, informellen Abend- oder Mittagessen kann man telefonisch oder mündlich einladen. Es hat den Vorteil, daß die Eingeladenen meistens gleich zu- oder absagen.
Ich lade höchstens 14 Tage vorher ein, manchmal auch nur ein paar Tage vorher. Vor allem bei guten Freunden ist das kein Problem.

Was wollen Sie kochen?

Fangen Sie klein an. Laden Sie zu einem Eintopf ein. Alle Männer werden begeistert sein. Glauben Sie mir. Ich habe meine größten Erfolge mit meinen Erbsen-, Linsen- und Kartoffelsuppen. Ein guter Freund von mir behauptet, für meine Linsensuppe würde er zu Fuß aus Hamburg kommen. Die meisten Gastgeber denken allerdings, Eintöpfe sind nicht fein genug. Versuchen Sie es einfach, kochen Sie eine der folgenden Suppen.

SERVIEREN SIE DIE
EINTÖPFE IN EINER
SUPPENTERRINE

Anschließend gibt es eine Käseplatte mit mindestens vier verschiedenen Käsesorten, Weintrauben und drei bis vier Sorten Brot. Und natürlich ein Dessert. Danach Kaffee.
Dieses Menü hat den Vorteil, daß es nicht teuer ist und daß Sie,

15

UNKOMPLIZIERTER
GANG: MEHRERE
KÄSESORTEN

wenn Sie berufstätig sind, alles am Abend vorher vorbereiten können. Dann wissen Sie, daß am nächsten Tag nichts mehr schiefgehen kann, denn Suppe, Käse und Dessert stehen gelungen im Kühlschrank. Und wenn Sie wollen, können Sie auch schon am Abend vorher den Tisch decken.

Einmal ist mir folgendes passiert: Ich hatte vier befreundete Ehepaare zu einem Linsen-Eintopf eingeladen. Diese Einladung war mit großer Begeisterung angenommen worden. »Niemand lädt einen zu einer Linsensuppe ein, daß ist ja toll«, war die Reaktion.

Es war an einem Wochenende im März. Ich kochte nachmittags die Suppe. Sie schmeckte wunderbar, und ich hatte große Mühe, meinen Mann davon abzuhalten, ständig zu probieren, ob die Suppe immer noch so gut war wie zehn Minuten zuvor. Also schloß ich den Topf (der Inhalt war noch warm) energisch mit einem Deckel und verbot streng weiteres Probieren. Etwa zwei Stunden später ertönte ein Schrei aus der Küche. Wie mein Mann beteuerte, wollte er die Suppe »nur mal ansehen«, aber es bot sich ihm ein gräßliches Bild. Über den Rand des Topfes quoll eine grün-braune, gärende Masse: Die Suppe war »umgeschlagen«, mit anderen Worten, sie war schlecht geworden. Wie mir meine Bauersfrau, bei der ich immer meine Eier kaufe, ein paar Tage später erklärte, passiert so etwas bei Föhn und wenn das Wetter umschlägt. Dann dürfe man keinen Deckel auf den Topf legen, bis die Suppe ganz abgekühlt ist. Ob Föhn oder sonstwas, seitdem habe ich nie wieder einen Deckel auf einen warmen Suppentopf gelegt.

Ich war verzweifelt! Es war Samstagnachmittag, die Geschäfte geschlossen, was sollten wir tun? In einer Stunde wollten unsere Gäste kommen. Ich rief bei unserem Feinkosthändler im Dorf an. Was für ein Glück, er war zu Hause und bereit, für uns den Laden aufzuschließen. Mein Mann raste hin, und kurz bevor unsere Gäste eintrafen, stand eine neue Suppe auf dem Herd.

Die Freunde kamen auch noch alle pünktlich! Normalerweise liebe ich das, aber an diesem Tag hätte mir eine kleine Verspätung eine Verschnaufpause verschafft.

Alle hatten sich den ganzen Tag auf die Linsensuppe gefreut, beteuerten sie, und ich wagte erst mal nicht zu sagen, was passiert war. Wie immer gab es einen Aperitif. Man trank und redete, und ich rannte alle zehn Minuten in die Küche und probierte, wie weit die Suppe war. Normalerweise dauert es 90 Minuten, bis die Linsen gar sind. Diese mußten verhext gewesen sein. Nach einer Stunde waren Sie immer noch knochenhart. Als ein Freund fragte, wann es denn endlich etwas zu essen gäbe, da er einen fürchterlichen Hunger hätte, mußte ich heraus mit der Sprache, und wir fingen unter großem Gelächter mit dem Käse an. Danach aßen wir das Dessert, und um 23 Uhr gab es dann endlich die sehnlich erwartete Linsensuppe. Es wurde einer unserer lustigsten Abende!

Wie decken Sie den Tisch?

Wenn Sie eine hübsche Küche haben, zögern Sie nicht, Ihre Gäste dort zu bewirten. Vor allem für Eintopf-Essen ist die Küche sehr geeignet. Aber egal, wo Sie essen wollen, der Tisch muß hübsch gedeckt werden. Denn auch das Auge ißt ja mit! Es ist nicht nötig, daß Sie teures Porzellan, Kristallgläser und Silberbesteck haben. Wichtig ist die Herzlichkeit, mit der Sie Ihre Gäste bewirten. Man kann einen Tisch mit wenigen Mitteln sehr hübsch decken.

Nehmen Sie das Geschirr, das Sie haben. Wenn es bunt ist, kann eine einfarbige Tischdecke mit passenden Servietten sehr schön aussehen. Aber ungeheuer wichtig, ja ein Muß, sind Stoffservietten.

Wenn Sie keine haben, kaufen Sie einen billigen Baumwollstoff in einem Kaufhaus, schneiden Sie daraus ein Rechteck (oder Quadrat, der Form Ihres Tisches entsprechend), umsäumen Sie es, und aus dem Rest des Stoffes nähen Sie sechs Servietten (ca. 40 x 40 cm). Das sieht nicht nur hübsch aus, Servietten und Tischdecke sind auch leicht zu waschen und zu bügeln und halten ewig. Wenn Sie einen schönen Holztisch haben, können Sie statt einer Tischdecke auch Sets nehmen.

ZU BUNTEN GESCHIRREN PASSEN AM BESTEN EINFARBIGE TISCHDECKEN

Sie brauchen einen Suppenlöffel, der rechts vom Teller liegt. Das Messer für den Käse liegt ebenfalls rechts, die Gabel links, und der Teelöffel für das Dessert liegt oben vor dem Teller. Die Serviette liegt links vom Teller oder auf dem Teller, wenn es zu eng ist.

Bei einem Eintopf-Essen bekommt jeder Gast ein Wasser-, ein Bier- und ein Schnapsglas. Die Gläser stehen rechts oben neben dem Teller. Wenn Sie merken, daß ein Gast kein Bier, sondern lieber Wein trinkt, tauschen Sie das Bierglas gegen ein Weinglas aus. Sorgen Sie dafür, daß ausreichend Getränke im

Haus sind; nichts ist schrecklicher, als wenn Bier oder Wein ausgehen. Vor allem Wasser wird neuerdings viel getrunken.

*G*anz wichtig ist schönes Licht. Schlechtes Licht kann jede Stimmung töten. Stellen Sie viele Kerzen auf (allerdings nur beim Abendessen, nie beim Mittagessen).

Plazieren Sie den Suppenteller gleich auf den Teller für den Käse. Die Dessertteller und Kaffeetassen sollten in Ihrer Reichweite sein.

Bitten Sie Ihre Gäste, nicht »aufzuspringen«, wenn Teller abgeräumt werden müssen. Es entsteht sonst eine fürchterliche Unruhe. Ich bitte immer einen meiner weiblichen Gäste, mir zu helfen. Das funktioniert wunderbar. Wenn trotzdem alle helfen wollen, sagen Sie ruhig, daß es Sie stört.

*I*n die Mitte des Tisches stellen Sie einen Blumenstrauß oder -topf oder Kerzen oder beides. Erst wenn das Essen beginnt, nehmen Sie die Blumen oder Kerzen weg und stellen die Suppenschüssel auf den Tisch.

Wenn Sie die Suppe austeilen: erst den Damen, dann den Herren, dann Ihrem Mann und zuletzt für sich.

*I*hr Mann sollte sich um die Getränke kümmern. Die Gäste dürfen nie »auf dem Trockenen sitzen«. Mein Mann hat an solchen Abenden einen Korb neben sich stehen, in dem die vollen Flaschen sind. Von dort »zaubert« er immer Nachschub auf den Tisch, ohne hektisch herumzulaufen. Einige Freunde haben das schon übernommen.

GRIFFBEREIT NEBEN DEM
GASTGEBER:
KORB MIT GETRÄNKEN
FÜR DIE GÄSTE

Bevor Sie Ihre Gäste zu Tisch bitten, sollten Sie sich die Tischordnung überlegen, d. h. wer wo sitzen soll. Ich habe schon oft erlebt, daß die Gastgeber kurz vor dem Essen hektisch mit Zetteln um den Tisch herumhüpfen, die sie dann plötzlich nicht mehr lesen können, und zum Schluß geben Sie entnervt auf.

*Ü*berlegen Sie am Abend vorher, wer wo sitzen soll, und schreiben Sie die Namen auf kleine Tischkarten, die Sie vor den Tellern aufstellen. Trennen Sie Ehepaare. Wenn Sie zwei »verkuppeln« wollen, setzen Sie sie nebeneinander. Wenn Sie einen Ehrengast haben, gehört er an Ihre linke Seite, ist der Ehrengast eine Dame, dann an die rechte Seite Ihres Mannes.

KERZEN SORGEN FÜR
STIMMUNGSVOLLES
LICHT

*A*lso, jetzt kann es losgehen. Sie müssen sich immer wieder sagen, es muß nichts perfekt sein. Wichtig sind nur Ihre Herzlichkeit und Ihre Freude, für Freunde gekocht zu haben. Dann kann wirklich nichts mehr schiefgehen.

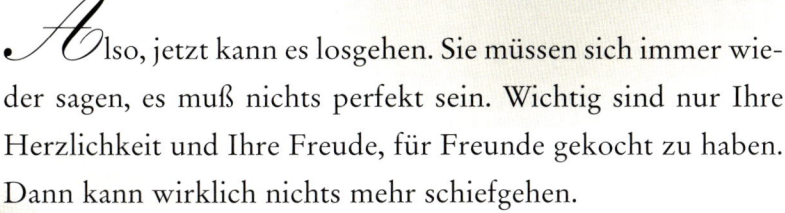

Kleine Mengenlehre für die folgenden Rezepte:		
5 g	=	1 TL
15 g Mehl	=	1 EL
10 g Zucker	=	1 EL
10 g Butter	=	1 EL
125 ml		1/8 l
250 ml	=	1/4 l
500 ml	=	1/2 l

Tip:

Seien Sie 15 Minuten vor Ankunft der Gäste fertig. Es ist ein Alptraum, wenn die ersten Gäste klingeln, und Sie sind noch unter der Dusche.

LINSENEINTOPF

ZUTATEN:

750 g getrocknete Linsen
3 EL gekörnte Brühe
2 Bund Suppengrün
1 Zwiebel, 1 Knoblauchzehe
250 g geräucherter, durchwachsener Speck
6 Paar Wiener Würstchen
Salz, schwarzer Pfeffer
etwas Majoran
einige Spritzer Flüssigwürze
150 ml Rotwein oder
4 EL Essig

Die Linsen in einen großen Topf geben, gut mit Wasser bedecken und zum Kochen bringen. Die gekörnte Brühe zufügen. Alles zugedeckt 20 Minuten bei schwacher Hitze köcheln lassen.

Inzwischen das Suppengrün waschen, putzen und klein-schneiden. Die Zwiebel sowie den Knoblauch schälen und fein würfeln. Das Suppengrün, die Zwiebel und den Knoblauch in den Topf geben.

Den Speck von der Schwarte befreien und in kleine Würfel schneiden. Die Speckwürfel und die Schwarte in den Topf geben.

Die Suppe zugedeckt etwa 1 1/2 Stunden bei schwacher Hitze kochen lassen und bei Bedarf noch etwas Wasser angießen. Die Würstchen in mundgerechte Stücke schneiden, in die gegarte Suppe geben und in etwa 10 Minuten erwärmen.

Die Schwarte aus der Suppe entfernen. Die Suppe mit Salz, Pfeffer, Majoran und etwas Flüssigwürze abschmecken. Zum Schluß mit dem Rotwein oder dem Essig abschmecken. Der etwas säuerliche Geschmack ist typisch.

Hinweis:
Die in diesem Kapitel
(Seite 22 bis 42) vorgestellen
Rezepte verstehen sich für
6 Personen.

TIP: Bei diesem und allen folgenden Rezepten ist Knoblauch kein Muß. Wenn Sie ihn nicht mögen oder vertragen, lassen Sie ihn weg.
Die Kochzeit verkürzt sich, wenn Sie die Linsen über Nacht in kaltem Wasser einweichen. Kochen Sie sie dann im Einweichwasser. Die Kochzeit reduziert sich etwa um die Hälfte.

ERBSENEINTOPF

ZUTATEN:
750 g getrocknete grüne oder
gelbe Erbsen
3 EL gekörnte Brühe
2 Bund Suppengrün
1 Zwiebel
1 Knoblauchzehe
250 g geräucherter, durch-
wachsener Speck
6 Paar Wiener Würstchen
Salz, schwarzer Pfeffer
1 TL getrockneter Majoran
einige Spritzer Flüssigwürze

Die Erbsen in einen großen Topf geben, gut mit Wasser bedecken und zum Kochen bringen. Die gekörnte Brühe zufügen. Alles zugedeckt etwa 20 Minuten bei schwacher Hitze köcheln lassen.

Inzwischen das Suppengrün waschen, putzen und kleinschneiden. Die Zwiebel sowie den Knoblauch schälen und fein würfeln. Das Suppengrün, die Zwiebel und den Knoblauch in den Topf geben. Vom Speck die Schwarte abschneiden. Die Schwarte in die Suppe geben. Speck in kleine Würfel schneiden und ebenfalls zufügen.

Die Suppe zugedeckt etwa 1 1/2 Stunden bei schwacher Hitze kochen lassen und bei Bedarf noch etwas Wasser nachgießen. Die Würstchen in mundgerechte Stücke schneiden, in die gegarte Suppe geben und in etwa 10 Minuten erwärmen.

Die Schwarte aus der Suppe entfernen. Die Suppe mit Salz, Pfeffer, Majoran und etwas Flüssigwürze abschmecken.

EIN TIP VON MEINER FREUNDIN CHRIS:
Es schmeckt und sieht hübsch aus: Mit den Würstchen ein Päckchen tiefgefrorene grüne Erbsen in die Suppe geben und etwa 20 Minuten darin garen. Probieren Sie es aus!

KARTOFFELSUPPE

Die Kartoffeln schälen, kleinschneiden und in einem großen Topf mit Wasser bedeckt zum Kochen bringen. Die gekörnte Brühe dazugeben. Das Suppengrün waschen, putzen und kleinschneiden. Die Zwiebel sowie den Knoblauch schälen und fein würfeln. Das Suppengrün, die Zwiebel und den Knoblauch in den Topf geben. Vom Speck die Schwarte abschneiden. Die Schwarte in die Suppe geben. Den Speck in kleine Würfel schneiden und ebenfalls zufügen.

Die Suppe zugedeckt etwa 1 Stunde kochen lassen, dann die Schwarte entfernen. Eventuell noch etwas Wasser oder Brühe dazugießen. Es sollte eine dickflüssige Suppe entstehen.

Die Würstchen in mundgerechte Stücke schneiden. Die Suppe mit Salz, Pfeffer, Majoran und Flüssigwürze abschmecken. Zum Schluß die kleingeschnittenen Würstchen in die Suppe geben und in etwa 10 Minuten erwärmen.

ZUTATEN:
2 kg mehligkochende
Kartoffeln
3 EL gekörnte Brühe
2 Bund Suppengrün
1 Zwiebel
1 Knoblauchzehe
250 g geräucherter, durch-
wachsener Speck
6 Paar Wiener Würstchen
Salz, schwarzer Pfeffer
Flüssigwürze
getrockneter Majoran

Tip:

Paßt zu allen Eintöpfen:
GERÖSTETER SPECK
MIT ZWIEBELN
250 g geräucherten, durch-
wachsenen Speck würfeln.
2 große Zwiebeln schälen
und fein würfeln.
1 EL Butterschmalz erhitzen
und den Speck darin kroß
ausbraten. Zwiebeln zufü-
gen und mitbraten, bis sie
schön braun sind. Fett
abgießen und servieren.

WIRSINGEINTOPF

ZUTATEN:
2 große Wirsingköpfe
1 kg geräucherter, durch-
wachsener Speck
1 Zwiebel
40 g Margarine
3-4 EL gekörnte Brühe
Salz, grobgemahlener
schwarzer Pfeffer

Die äußeren Blätter des Kohls entfernen. Die Kohlköpfe vierteln, vom Strunk befreien und in Streifen schneiden. Vom Speck die Schwarte entfernen und beiseite legen. Den Speck in 12 gleich große Stücke schneiden. Die Zwiebel schälen und würfeln. Die Margarine in einem großen Topf erhitzen und den Speck darin scharf anbraten. Die Zwiebel dazugeben und glasig werden lassen.

Dann den Kohl und die Schwarte hinzufügen. Die gekörnte Brühe darüberstreuen und mit etwa 3/4 l Wasser aufgießen. Im geschlossenen Topf etwa 40 Minuten köcheln lassen. Dabei immer wieder umrühren und bei Bedarf noch etwas Wasser angießen. Der Eintopf soll jedoch nicht zu wäßrig werden.

Den Eintopf mit Salz und Pfeffer abschmecken. Dazu schmecken Salz- oder Pellkartoffeln.

TIP: Wenn Sie keinen großen Topf besitzen, kochen Sie den Eintopf zunächst in zwei Töpfen. Am Schluß können Sie beide Portionen zum Servieren wieder in einen Topf geben, da der Kohl stark zusammenfällt

CHILI CON CARNE

ZUTATEN:
4 EL Öl
1 kg Rinderhackfleisch
2 große Zwiebeln
2 Knoblauchzehen
1 grüne oder rote
Paprikaschote
3 Dosen rote Kidney-Bohnen
(à 425 g)
2 Dosen geschälte Tomaten
(à 425 g)
3 EL gekörnte Brühe
Salz, schwarzer Pfeffer
Chili-con-Carne-Gewürz
1-2 getrocknete Chilischoten
nach Belieben

Das Öl in einem großen Topf erhitzen und das Hackfleisch darin braten, bis es krümelig zerfällt.

Die Zwiebeln sowie den Knoblauch schälen und fein würfeln. Die Paprikaschote halbieren, von den Samensträngen und Scheidewänden befreien, waschen und in kleine Würfel schneiden. Dann die Zwiebeln, den Knoblauch und die Paprikaschote zum Fleisch in den Topf geben und etwa 5 Minuten mitbraten.

Die Kidney-Bohnen in ein Sieb abgießen, gut abtropfen lassen und dazugeben. Die Tomaten samt Saft hinzufügen und mit einer Gabel etwas zerdrücken. Die gekörnte Brühe einstreuen und alles etwa 1 Stunde kochen lassen. Den Eintopf mit Salz, Pfeffer und Chili-con-Carne-Gewürz kräftig abschmecken.

Mit den getrockneten Chilischoten sollten Sie vorsichtig sein: Zerbröseln Sie sie mit den Fingern und geben Sie zunächst nur die Hälfte dazu. Wenn Sie es schärfer haben möchten, geben Sie den Rest in den Eintopf. Die Schärfe der Chilischoten entfaltet sich übrigens besonders stark, wenn die Schoten einige Zeit im Eintopf mitkochen.

RINDERGULASCH MIT RAHMSAUCE

Die Zwiebeln schälen und fein würfeln. Das Butterschmalz in einem großen Topf erhitzen und die Fleischwürfel darin rundum kräftig anbraten. Die Zwiebeln dazugeben und mitbraten, bis sie schön gebräunt sind. Die Tomaten samt Saft dazugeben und alles zugedeckt bei schwacher Hitze etwa 1 Stunde schmoren lassen. Bei Bedarf noch etwas Wasser angießen, damit das Fleisch nicht anbrennt.

Inzwischen die Champignons putzen und in dünne Scheiben schneiden. Die Pilzscheiben zum Fleisch in den Topf geben und alles weitere 30 Minuten garen. Zum Schluß die Crème fraîche unterrühren. Das Gulasch mit Salz und Pfeffer abschmecken. Die Sauce noch etwas einkochen lassen, falls sie zu dünnflüssig erscheint. Dazu passen Kartoffeln oder Makkaroni.

ZUTATEN:
2 große Zwiebeln
150 g Butterschmalz
1 1/2 kg Rindergulasch (vom Metzger in Würfel geschnitten)
1 Dose geschälte Tomaten (850 g)
200 g Champignons
75 g Crème fraîche
Salz, schwarzer Pfeffer

DESSERTS

QUARKSPEISE

ZUTATEN:
250 g Schlagsahne
500 g Sahnequark
250 g Mascarpone
Zucker nach Belieben
250 g frische oder tief-
gekühlte, aufgetaute
Himbeeren
eventuell 3-4 EL Milch

Die Schlagsahne steifschlagen. Den Sahnequark mit dem Mascarpone und Zucker nach Belieben in einer Schüssel verrühren. Die geschlagene Sahne unterziehen.

Die Himbeeren mit dem Stabmixer pürieren und unter die Quark-Sahne-Masse rühren. Falls die Masse zu fest ist, mit etwas Milch cremig rühren. Das Dessert in eine große Servierschüssel oder in Dessertschälchen füllen.

BRATÄPFEL

ZUTATEN:
4-6 große, säuerliche Äpfel
(z. B. Boskoop)
50 g Rosinen
4 EL Zucker
4-6 TL Butter
Zimtpulver
Außerdem
500 ml Vanillesauce
(Fertigprodukt)

Den Backofen auf 180 °C vorheizen. Die Äpfel gründlich waschen und trockenreiben. Das Kerngehäuse ausstechen. Die Rosinen in Zucker wälzen und in die ausgestochenen Äpfel füllen. Je 1 TL Butter darübergeben und mit Zucker sowie Zimtpulver bestreuen. Die Äpfel in eine feuerfeste Form setzen und etwa 30 Minuten im Ofen (Gas Stufe 2-3; Umluft 160 °C) braten.

Nach 20 Minuten mit einer Stricknadel oder einem spitzen Messer prüfen, ob die Äpfel schon gar sind. Sie sollten noch etwas Biß haben. Mit heißer oder kalter Vanillesauce servieren.

VANILLEEIS MIT HEISSEN HIMBEEREN

Die Beeren in einen Topf geben, mit dem Zucker bestreuen und zugedeckt bei mittlerer Hitze auftauen lassen und erhitzen. Das Vanilleeis auf sechs Desserttellern anrichten und die Himbeeren darübergeben oder separat in einer Schüssel servieren.

ZUTATEN:
2 Pakete tiefgekühlte
Himbeeren (à 300 g)
4 EL Zucker
2 Pakete Vanilleeis
(à 750 ml)

EINLADUNG AUF ITALIENISCH –
IMMER EIN ERFOLG!

*H*aben Sie Ihre Freunde schon zu einem Eintopf-Essen eingeladen? Sicher war es ein voller Erfolg.

Als Alternative möchte ich Ihnen einen Spaghetti-Abend vorschlagen. Vor allem wenn Sie Vegetarier in Ihrem Freundeskreis haben.

Ich kenne niemanden, der keine Spaghetti mag.

Natürlich sollten Sie nicht nur Nudeln anbieten. Ein bißchen Drumherum darf schon sein.

Bieten Sie zuerst eine italienische Vorspeise an, dann die Spaghetti als Hauptgericht, anschließend drei italienische Käse mit Weintrauben und Ciabatta, dem italienischen Weißbrot. Das gibt es inzwischen überall zu kaufen. Wenn Sie es nicht bekommen, tut es auch ein Baguette. Als Nachtisch eine Pasta Frolla. Das klingt toll, ist aber nur ein Mürbeteigboden mit Puderzucker bestreut. Der wird auf einen großen Teller auf den Tisch gestellt, mit Grappa begossen, und jeder bricht sich ein Stück ab. Dazu gibt es Espresso oder Kaffee.

Zum Essen servieren Sie am besten einen italienischen Rot- oder Weißwein und zum Kaffee einen Grappa.

Wie decken Sie den Tisch?

Wenn Sie etwas ganz Besonderes machen wollen, können Sie den Tisch in den italienischen Nationalfarben decken und dekorieren. Zum Beispiel eine grüne Tischdecke, weißes

Pasta Frolla
Rezept S. 43

Geschirr, rote Servietten und grüne, weiße und rote Kerzen. Wenn Sie Gläser in drei Farben haben, nehmen Sie sie. Jeder Gast braucht ein Wein-, ein Wasser- und ein Schnapsglas, oben rechts neben dem Teller.

Auf den Käseteller (ein normaler flacher Eßteller) kommt ein kleinerer Teller für die Vorspeise. Die tiefen Teller für die Spaghetti stellen Sie wieder (wenn möglich) neben sich auf den Beistelltisch.

Für dieses Essen würde man schrecklich viele Bestecke brauchen. 1 Messer und 1 Gabel für die Vorspeise, 1 Löffel und 1 Gabel für die Spaghetti und 1 Messer und 1 Gabel für den Käse. Das macht pro Person 3 Gabeln, 2 Messer und 1 Löffel. Und das mal 6 sind 18 Gabeln, 12 Messer und 6 Löffel. Wer hat das schon?!

Also bitten Sie Ihre Gäste, die Bestecke für den nächsten Gang zu behalten. Ich bin sicher, jeder wird Verständnis dafür haben.

Die Gabeln liegen wieder links vom Teller, rechts erst der Löffel, dann das Messer. Die Servietten links neben der Gabel oder auf dem Teller. Vergessen Sie nicht Salz und Pfeffer, wenn Sie eine Pfeffermühle haben – noch besser!

*B*evor die Gäste kommen, sollte bis auf die Spaghetti alles fertig sein. Die Vorspeise und das Weißbrot stehen schon auf dem Eßtisch oder Beistelltisch. Auch der frisch geriebene Parmesan und das Chiliöl (Rezept Seite 42). Die Käseplatte mit einem Stück Parmesan oder Pecorino, Bel Paese und vielleicht einem Gorgonzola (die Auswahl können Sie ganz nach

Tip:

Man benutzt die Bestecke immer von außen nach innen. Man muß also, wenn man eingeladen ist, nie überlegen, welches Besteck für welchen Gang ist.

Ihrem Belieben verändern) ist fertig angerichtet, und die Pasta Frolla auf einer hübschen Platte oder einem Teller steht ebenfalls schon auf dem Beistelltisch.

*W*ährend die Vorspeise gegessen wird, bringen Sie das Spaghettiwasser zum Kochen. Dann entschuldigen Sie sich für ein paar Minuten bei Ihren Gästen, denn die Spaghetti sollen ja al dente und heiß auf den Tisch kommen.
Wie Sie sehen, alles nur eine Frage der Organisation. Dann kann eigentlich nichts mehr schiefgehen. Und wenn doch mal eine kleine Panne passiert, was soll's.
Sagen Sie sich: Niemand ist perfekt!

AUCH EINE KOMMODE
EIGNET SICH ALS
BEISTELLTISCH

MOZZARELLA MIT TOMATEN UND BASILIKUM

ZUTATEN:
4 mittelgroße Tomaten
6 mittelgroße
Mozzarellakugeln
je 4 EL Balsamico-Essig und
Olivenöl
Salz, grobgemahlener
schwarzer Pfeffer
1 Bund Basilikum

Die Tomaten waschen, trockentupfen und ohne Stielansatz in etwa 1/2 cm dicke Scheiben schneiden. Den Mozzarella ebenfalls in 1/2 cm dicke Scheiben schneiden. Die Tomaten- und Mozzarellascheiben abwechselnd fächerförmig auf einer Platte anrichten. Zunächst mit Balsamico-Essig und dann mit Öl beträufeln. Mit Salz und Pfeffer bestreuen. Das Basilikum waschen und trockentupfen. Die Blättchen von den Stengeln zupfen und über die Vorspeisen verteilen.

RUCOLASALAT MIT PARMESAN

ZUTATEN:
400 g Rucolasalat
Salatsauce (siehe Seite 37)
100 g Parmesan am Stück

Salat putzen, waschen und trockenschleudern. In eine Salatschüssel geben und mit der Salatsauce beträufeln. Den Parmesan darüberhobeln.

SALAT VON WEISSEN BOHNEN

Die Bohnen in einen Topf geben, mit 1 EL Salz bestreuen und gut mit Wasser bedecken. Zum Kochen bringen und zugedeckt bei schwacher Hitze etwa 1 1/2 Stunden garen, bis die Bohnen weich sind. In ein Sieb abgießen und gut abtropfen lassen. Dann in eine Schüssel füllen.

Die Petersilie waschen und trockenschütteln. Die Blättchen von den Stielen zupfen und fein hacken. Die Zwiebel sowie den Knoblauch schälen und fein hacken. Petersilie, Zwiebel und Knoblauch mit den Bohnen vermengen. Den Balsamico-Essig mit Salz, Pfeffer und Flüssigwürze nach Belieben verrühren. Das Olivenöl gut unterrühren.

Die Sauce gut mit den Bohnen in der Schüssel vermengen und 2 Stunden ziehen lassen. Den Salat zwischendurch mehrmals durchmischen.

ZUTATEN:
500 g getrocknete weiße Bohnen
Salz, schwarzer grober Pfeffer
1 Bund Petersilie
1 große Zwiebel
1 Knoblauchzehe
4 EL Balsamico-Essig
Flüssigwürze
150 ml Olivenöl

Für alle Salate:
SALATSAUCE

1/2 Glas Olivenöl,
4 EL Balsamico-Essig,
1/2 TL Salz, 1/4 TL Pfeffer,
1/2 TL Flüssigwürze und
1 geschälte, durchgepreßte Knoblauchzehe in ein Marmeladenglas mit Schraubdeckel geben. Gut schütteln und über den Salat gießen. Den Rest können Sie 14 Tage lang im Kühlschrank aufbewahren.

SPAGHETTI IN
VIER VARIATIONEN

$\mathscr{S}$PAGHETTI ALL' ARRABBIATA

ZUTATEN:
2 mittelgroße Zwiebeln
2 Knoblauchzehen
4 EL Olivenöl
2 Dosen geschälte Tomaten
(à 850 g)
3 EL gekörnte Brühe
2-3 getrocknete Chilischoten
Salz, schwarzer Pfeffer
750 g Spaghetti
1 Bund Petersilie
Außerdem
frisch geriebener Parmesan

Die Zwiebeln sowie den Knoblauch schälen und kleinwürfeln. Das Öl in einem Topf erhitzen und die Zwiebeln sowie den Knoblauch darin glasig werden lassen. Die Tomaten ohne Saft in den Topf geben (aus dem Saft kann man sich eine Bloody Mary mixen - so wird das Kochen kurzweiliger) und mit einer Gabel etwas zerdrücken. Die gekörnte Brühe dazugeben und offen bei schwacher Hitze etwa 1 Stunde köcheln lassen, bis die Sauce eingedickt ist.

Die Chilischoten in einem Mörser zerstoßen oder zwischen den Fingern zerbröseln und die Hälfte davon in die Sauce geben. Sollte der gewünschte Schärfegrad noch nicht erreicht sein, die restlichen Schoten hineingeben. Die Sauce mit Salz und Pfeffer abschmecken und warm halten.

In einem großen Topf reichlich Salzwasser zum Kochen bringen und die Spaghetti darin in 8-10 Minuten bißfest kochen. Inzwischen die Petersilie waschen und trockenschütteln. Die Blättchen von den Stielen zupfen und fein hacken. Die Spaghetti in ein Sieb abgießen und gut abtropfen lassen. Die Spaghetti in eine vorgewärmte Schüssel umfüllen, die Hälfte der Sauce darübergeben und vermengen.

Die Petersilie über die Nudeln streuen. Den Rest der Spaghettisauce separat in einer vorgewärmten Schüssel oder einer Sauciere servieren. Dazu den frisch geriebenen Parmesan in einem Schälchen servieren.

TIP: Parmesan gibt es zwar fertig gerieben, aber er schmeckt viel besser, wenn Sie ihn am Stück kaufen und bei Bedarf reiben. Legen Sie den Käse mit einer Reibe oder einer Käsemühle auf den Tisch, damit sich jeder Gast selbst bedienen kann.

SPAGHETTI AGLIO E OLIO

Den Knoblauch schälen und kleinwürfeln. Die Chilischoten im Mörser zerstoßen oder mit den Fingern zerbröseln. Die Petersilie waschen und trockenschütteln. Die Blättchen von den Stielen zupfen und fein hacken.

In einem großen Topf reichlich Salzwasser zum Kochen bringen und die Spaghetti darin in 8-10 Minuten bißfest kochen. Die Spaghetti in ein Sieb abgießen, gut abtropfen lassen und warm stellen.

Das Öl in einer großen Pfanne erhitzen. Den Knoblauch darin kurz anbraten, die Spaghetti dazugeben, salzen und pfeffern. Die Hälfte der Chilischoten und die Petersilie untermengen. Sollte der gewünschte Schärfegrad noch nicht erreicht sein, die restlichen Chilischoten untermischen. Sofort servieren. Dazu Parmesan und Chiliöl servieren.

ZUTATEN:
3-4 Knoblauchzehen
3-4 getrocknete Chilischoten
1 Bund Petersilie
750 g Spaghetti
3-4 EL Olivenöl
Salz, schwarzer Pfeffer
Außerdem
frisch geriebener Parmesan
Chiliöl (Rezept Seite. 42)

Spaghetti mit Pilzen

ZUTATEN:
2 große Zwiebeln
3 Knoblauchzehen
600 g gemischte Pilze (z. B.
Austernpilze, Champignons,
Steinpilze, Pfifferlinge)
3 EL Olivenöl
100 g Butter
3 EL gekörnte Brühe
Salz, grobgemahlener
schwarzer Pfeffer
750 g Spaghetti
1 Bund Petersilie
Außerdem
frisch geriebener Parmesan
Chiliöl (Rezept Seite 42)

Die Zwiebeln sowie den Knoblauch schälen und kleinwürfeln. Die Pilze putzen und in mundgerechte Scheiben beziehungsweise Streifen schneiden. Das Öl zusammen mit der Butter in einer großen Pfanne erhitzen. Die Zwiebeln und den Knoblauch darin goldgelb anbraten, dann die Pilze dazugeben und mit der gekörnten Brühe bestreuen. Alles gut vermengen und zugedeckt bei schwacher Hitze etwa 15 Minuten dünsten. Zwischendurch ab und zu umrühren und bei Bedarf etwas Wasser angießen. Mit Salz und Pfeffer abschmecken.

Inzwischen in einem großen Topf reichlich Salzwasser zum Kochen bringen und die Spaghetti darin in 8-10 Minuten bißfest kochen. Die Spaghetti in ein Sieb abgießen und gut abtropfen lassen.

Die Spaghetti zu der Zwiebel-Pilz-Mischung in die Pfanne geben und untermischen. Die Petersilie waschen und trockenschütteln. Die Blättchen von den Stielen zupfen und über die Spaghetti streuen. Dazu Parmesan und Chiliöl servieren.

TIP: Statt frischer Pilze kann man auch getrocknete Pilze nehmen, die man vorher etwa 45 Minuten in lauwarmem Wasser einweicht.
Wer's gern cremig mag, gibt nach der gekörnten Brühe noch ein Töpfchen süße Sahne (etwa 100 Gramm) hinzu.

SPAGHETTI BOLOGNESE

ZUTATEN:
2 mittelgroße Zwiebeln
2 Knoblauchzehen
4 EL Olivenöl
1 kg gemischtes Hackfleisch
1 Dose geschälte Tomaten
(850 g) oder 2 Dosen
Tomatenmark
3 EL gekörnte Brühe
1 Bund Petersilie
Salz, grobgemahlener
schwarzer Pfeffer
750 g Spaghetti
Außerdem
frisch geriebener Parmesan
Chiliöl

Für alle Pastagerichte:
CHILIÖL
8-10 getrocknete Chilischoten
zerbröseln und in ein
Schraubglas geben.
Mit Olivenöl auffüllen und
einige Tage durchziehen
lassen. Gut verschlossen hält
Chiliöl monatelang.
Übrigens: Chiliöl ist ein
sehr willkommenes
Mitbringsel, wenn man
eingeladen ist.

Die Zwiebeln sowie den Knoblauch schälen und kleinwürfeln. 3 EL Öl in einem Topf erhitzen. Das Hackfleisch darin anbraten, bis es krümelig zerfällt. Dann die Zwiebeln und den Knoblauch dazugeben und glasig werden lassen.

Die Tomaten ohne Saft in den Topf geben und mit einer Gabel zerdrücken. Oder das Tomatenmark mit etwa 100 ml Wasser verrühren und unter das Fleisch rühren. Die Brühe hineingeben und alles etwa 25 Minuten köcheln lassen.

Inzwischen die Petersilie waschen und trockenschütteln. Die Blättchen von den Stielen zupfen und hacken. Die Sauce mit Salz sowie Pfeffer abschmecken und dann die Petersilie unterrühren. Die Sauce warm halten.

In einem großen Topf reichlich Salzwasser zum Kochen bringen und die Spaghetti darin in 8-10 Minuten bißfest kochen. Die Spaghetti in ein Sieb abgießen, gut abtropfen lassen und in eine vorgewärmte Schüssel füllen. Das restliche Öl darüberträufeln und untermischen, damit die Spaghetti nicht zusammenkleben. Sauce separat in einer Schüssel oder Sauciere zu den Nudeln servieren. Dazu Parmesan und Chiliöl servieren.

PASTA FROLLA

Eine flache Tortenform mit Butter ausfetten. Den Backofen auf 150 °C vorheizen. Alle Zutaten rasch zu einem glatten Teig verkneten. Den Teig auf bemehlter Arbeitsfläche in Größe der Form ausrollen und hineinlegen. Im Ofen (Gas Stufe 1; Umluft 130 °C) etwa 50 Minuten backen. Herausnehmen und in der Form abkühlen lassen. Dann vorsichtig aus der Form auf einen Teller stürzen und mit Puderzucker bestreuen.

ZUTATEN:
200 g Mehl
100 g Zucker
100 g kalte Butter
1 Päckchen Vanillezucker
1 Ei
1 EL Rum nach Belieben
Außerdem
Butter für die Form
Mehl zum Ausrollen
Puderzucker zum Bestreuen

GANZ EINFACH – EINE BROTZEIT

Ihr Mann ruft an und sagt, er bringt ein paar Freunde mit. Sie möchten doch bitte etwas zum Essen richten. (Ich hoffe, er sagt »Bitte«!) Wenn Sie weder Zeit noch Lust haben, etwas zu kochen und großartig den Tisch zu decken, machen Sie doch eine Brotzeit. Die paßt mittags und abends und schmeckt jedem. Laufen Sie zum Supermarkt um die Ecke und kaufen Sie 500 Gramm gemischten Aufschnitt, noch schöner sind zwei bis drei verschiedene Wurstsorten am Stück, 300 Gramm Hackepeter oder Tatar, drei bis vier Käsesorten, nicht unter 300 Gramm das Stück, sonst sieht es zu mickrig aus, Tomaten, Gewürzgurken, ein kleines Glas Oliven, Radieschen und Trauben für den Käse. Dann kaufen Sie noch ein paar Eier, die Sie hartkochen. Außerdem Butter, ein frisches Bauernbrot und ein Baguette. Denken Sie an Bier, Wasser und Schnaps.

RADIESCHEN UND BREZEN GEHÖREN ZU JEDER BROTZEIT

Richten Sie die Wurst auf einem großen Brett an und dekorieren Sie sie mit den Tomaten, Radieschen und hartgekochten Eiern. Wenn Sie Aufschnitt haben, gehört eine Gabel dazu, damit sich jeder selbst bedienen kann und nicht die Finger nehmen muß. Wenn Sie ganze Würste haben, legen Sie ein scharfes Messer dazu. Der Käse mit den Trauben kommt auf ein zweites Brett und das ganze Brot mit einem Brotmesser auf ein drittes.

Die Gewürzgurken und die Oliven kommen in kleine Schalen, angemachtes Tatar und der Obatzter jeweils in eine kleine Schüssel. Das alles richten Sie auf einem Tisch hübsch an.

Teller, Messer und Gabeln, Servietten und Gläser stellen Sie daneben. Um alles vorzubereiten, brauchen Sie eine knappe Stunde.

Jetzt kann Ihr Mann kommen. Es ist egal, ob er vier oder sechs Freunde mitbringt, es reicht auf jeden Fall.

OBATZTER

Die Zwiebel schälen und fein hacken. Den Camembert mit einer Gabel zerdrücken und mit der Butter sowie den Zwiebelwürfeln vermengen. Mit Paprikapulver, weißem Pfeffer und Kümmel abschmecken.

ZUTATEN:
1 kleine Zwiebel
250 g Camembert
50 g Butter
2 TL edelsüßer Paprika
1/4 l weißer Pfeffer
1/2 TL Kümmel

HACKEPETER

Die Zwiebel schälen und fein hacken. Die Petersilie waschen und trockenschütteln. Die Blättchen von den Stielen zupfen und ebenfalls fein hacken. Die Zwiebel sowie die Petersilie in einer Schüssel mit dem Fleisch vermengen. Die Fleischmasse mit Salz und Pfeffer abschmecken.

ZUTATEN:
1 kleine Zwiebel
1 Bund Petersilie
300 g Hackepeter
Salz, schwarzer Pfeffer

EINLADUNG ZU EINEM DRINK

*I*n Ihrem letzten Sommerurlaub haben Sie ein reizendes Ehepaar kennengelernt. Natürlich hat man die Adressen getauscht, verspricht anzurufen, wenn man in der Stadt ist. Ach Gott, es wäre ja so schön, sich mal wiederzusehen!

Und plötzlich ist es soweit. Sie sind auf der Durchreise (das nette Ehepaar, von dem Sie gar nicht mehr wissen, ob es wirklich so reizend war), wollen sich nur mal melden und haben gar nicht viel Zeit, da abends ein Geschäfts-Essen stattfindet.

Also laden Sie sie »zu einem Drink« ein. Das ist wunderbar, weil zeitlich begrenzt. Sie fragen, wann das Abendessen denn stattfindet, und bitten Ihre Freunde 1 1/2 bis 2 Stunden vorher zu sich. Sie können also sicher sein, daß Sie sie in spätestens 2 Stunden wieder los sind.

Nicht daß es Ihnen so ergeht wie uns einmal.

Wir hatten Bekannte auf einen Drink eingeladen. Wir wußten, daß sie jeden Tag abends um 8 Uhr in ihr Lokal gingen, komme was wolle. Also baten wir sie um 6 Uhr zu uns, in der Annahme, daß sie nach 1 1/2 Stunden wieder gehen würden. Zu dieser Zeit waren wir gerade auf Diät und hatten aber auch gar nichts in unserem Eisschrank. (Was bei uns so gut wie nie vorkommt.)

Ich hatte ein paar Nüsse und Käsestangen hingestellt, ganz weit weg von uns, um ja nicht in Versuchung zu kommen. Und vorher hatten mein Mann und ich ausgemacht, nicht mehr als zwei Gläser Wein auf unseren nüchternen Magen zu trinken.

Unsere Gäste kamen, wir plauderten, es wurde 7 Uhr, es wurde halb acht, und um 8 Uhr rief ich ganz aufgeregt: »Mein Gott, es ist schon 8 Uhr, Sie müssen ja in Ihr Lokal.« »Na, einmal können wir auch etwas später kommen«, sagten sie. Ich war verzweifelt. »Ich kann Ihnen leider nichts zu essen anbieten, wir sind auf Diät und haben nichts im Haus.« »Das macht gar nichts, wir essen nachher in unserem Lokal«, war die fröhliche Antwort.

Die Käsestangen waren alle, die Nußschalen leergeputzt, ich hatte nicht mal etwas zum Nachfüllen.

War mir das peinlich! Nur der Wein floß in Strömen, aus unseren zwei Gläsern waren ich weiß nicht wie viele geworden, und der Abend endete irgendwann um Mitternacht. Dann mußten unsere Gäste wohl doch in ihr Lokal.

Eines habe ich daraus gelernt: Wenn Besuch kommt, gibt es etwas zu essen, auf Diäten kann ich dann keine Rücksicht nehmen. Wenn Sie Angst haben, sich in diesen zwei Stunden zu Tode zu langweilen, bitten Sie Ihren Hausfreund oder nette Nachbarn dazu.

KAVIAR-HÄPPCHEN
ZUM DRINK

Was bieten Sie an?

Bereiten Sie auf jeden Fall eine Kleinigkeit zu essen vor. Eine Platte mit kleinen Sandwiches und vielleicht noch ein Quarkdip mit Cracker. Richten Sie das Ganze auf einem Tablett an und stellen Sie es auf den Wohnzimmertisch. Und vergessen Sie nicht, kleine Servietten dazuzulegen.

An Getränken sollten Sie folgendes im Haus haben: Entweder Champagner, oder wenn der Ihnen zu teuer ist, tut es auch ein

Prosecco. Campari Soda und Wodka Tonic werden gern getrunken. Zu diesen beiden sogenannten Longdrinks gehört Eis und eine Scheibe Zitrone.

Die Getränke, das Eis und die Zitronenscheiben sollten griffbereit hergerichtet sein. Es erspart Ihnen das Hin- und Herrennen und macht einen guten Eindruck.

Haben Sie alles 15 Minuten, bevor Sie Ihre Gäste erwarten, fertig vorbereitet, zünden Sie die Kerzen an und freuen Sie sich. Vielleicht wird es ja ein lustiger Abend.

BELIEBTE KLASSIKER:
LONGDRINKS MIT
TONICWASSER

KLEINE SANDWICHES ODER KANAPEES

ZUTATEN:
pro Person 1 1/2-2 Scheiben
Toastbrot
Butter zum Bestreichen
Belag nach Belieben

Die Toastbrotscheiben entrinden, vierteln und mit etwas Butter bestreichen. (Die geviertelten Toasthappen haben den Vorteil, daß die Damen sie essen können, ohne daß ihr Lippenstift mit im Magen verschwindet. Ich hasse es, wenn ich sogenannte »Schnittchen« angeboten bekomme, von denen ich abbeißen muß.)

Als Belag für die Häppchen gibt es unendlich viele Möglichkeiten. Gut geeignet sind Shrimps, Räucherlachs, Pastete, Leberwurst, Trüffeln und diverse Käsesorten. Sie sollten die Häppchen so belegen oder bestreichen, daß das ganze Viereck ausgefüllt ist – nicht mehr und auch nicht weniger. Füllen Sie kleine Schalen mit Oliven, eventuell mit verschiedenen Nüssen, und stellen Sie sie mit auf das Tablett.

QUARKDIP

ZUTATEN:
1 kleine Zwiebel
1 Knoblauchzehe
1 Bund Dill oder Schnittlauch
250 g Sahnequark
etwas Milch
Salz, schwarzer Pfeffer
Außerdem
Cracker

Die Zwiebel schälen und fein hacken. Den Knoblauch schälen und durch die Presse drücken. Den Dill waschen und trocken-schütteln. Die Spitzen abzupfen und hacken. Den Quark in eine Schüssel geben und mit der Zwiebel, dem Knoblauch sowie dem Dill gut verrühren. So viel Milch unterrühren, bis ein cremiger Dip entstanden ist. Den Dip mit Salz und Pfeffer abschmecken. Dazu schmecken Cracker.

NUN DAS GANZE ETWAS GRÖSSER

*A*ls wir vor 25 Jahren in eine neue Wohnung zogen, beschlossen wir, als erstes einen größeren Eßtisch zu kaufen. Unser alter Tisch war zu klein, unser Freundeskreis wurde immer größer und somit auch unsere Verpflichtungen, Rückeinladungen zu geben. Die Zeit des Improvisierens und des »ganz Einfachen« war vorbei. Ich wollte jetzt alles perfekter und eleganter haben.

Wir diskutierten wochenlang darüber, wie der Tisch aussehen sollte, oval, rund oder quadratisch, alles wurde in Erwägung gezogen.

Nur eines sollte er nicht sein, breit und lang. Zu oft hatte ich mich bei Einladungen geärgert, wenn ich Tischnachbarn hatte, die mich langweilten und die ich notgedrungen ertragen mußte, da diese Art Tisch nur eine Unterhaltung nach rechts oder links ermöglicht. Wenn der Tisch schmal ist, hat man noch die Chance, ein amüsantes Gegenüber zu haben, aber von dem Rest der Gesellschaft ist man für die Zeit des Essens isoliert. Und das kann Stunden dauern!

Zu groß aber sollte er auch nicht sein, auf keinen Fall für mehr als zwölf Personen.

*W*ir wurden erstaunlicherweise schnell fündig. Bei Rainer Penkert in der Fürstenstraße fanden wir einen Eßtisch, den wir bald den »magischen Tisch« nannten. Nicht einmal in den letzten 25 Jahren hatten wir ein mißglücktes Mittag- oder Abendessen. Natürlich spielt auch die Mischung der Gäste eine Rolle, aber die Maße des Tisches sind so ideal, daß kein Gast von der Unterhaltung ausgeschlossen ist, da jeder mit jedem reden kann. Das einzige, was vielleicht stören könnte, ist der ohrenbetäubende Lärm, der manchmal entsteht, wenn alle durcheinanderreden.

Es ist ein alter englischer Tisch mit den Maßen 1,30 x 1,50 m, den man auf die Breite von 30 cm als Sideboard zusammenklappen kann und an den auseinandergeklappt maximal zehn Personen passen (auch wenn es ein bißchen eng ist).

Aber ob es vier, sechs, acht oder zehn Personen sind, es ist immer eine gemeinsame Unterhaltung möglich und immer gemütlich. Sollten Sie also planen, einen neuen Eßtisch zu kaufen, beherzigen Sie meinen Rat und entscheiden Sie sich für einen rechteckigen oder quadratischen Tisch für zehn, höchstens zwölf Personen. Der Erfolg ist Ihnen gewiß!

Sollten Sie aber schon einen Eßtisch haben, der nicht die idealen Maße hat, lassen Sie sich nicht entmutigen. Auch an einem sehr langen Tisch kann man wunderschöne Mittag- oder Abendessen geben.

Unsere Einladungen wurden also größer und ein bißchen perfekter. Ich hatte inzwischen mein Silber vervollständigt und ein neues Service gekauft. Von jeder Reise brachten wir etwas mit, Weingläser, Menükarten-Halter oder Tischwäsche, immer zum Entsetzen meines Mannes, der alles schleppen mußte.

Inzwischen hatte ich auch ein Hausmädchen, das mir bei den Vorbereitungen zur Hand ging, lernte den Tisch zu decken und bei den Essen servierte. Nur das Kochen, das habe ich mir nie nehmen lassen, das tue ich immer noch selbst.

Tip:

Wenn man keinen großen Tisch kaufen will, kann man auch sehr gut improvisieren: Zwei Böcke (gibt es bei »Ikea«) und eine große Holzplatte, mit einer bis zum Boden reichenden Tischdecke verhüllt, ergeben einen perfekten Eßtisch.

Da ich es hasse, ständig in der Küche zu stehen, wenn ich Gäste habe, koche ich nur Sachen, die ich vorbereiten kann. Ein Gericht wie Grünkohl mit Pinkel zum Beispiel muß sowieso am Tag vorher gekocht werden, da es aufgewärmt noch besser schmecken.

Aber auch alle anderen Gerichte, für die Sie hier Rezepte finden, sind vorzubereiten, so daß Sie gemütlich mit Ihren Gästen am Tisch sitzen und den Abend genießen können.

Wieviel Hilfe brauchen Sie?

Sie brauchen eine Person, die serviert und wenn möglich hinterher die Küche saubermacht. Wenn Sie kein festes Hausmädchen oder keine Zugehfrau haben, engagieren Sie für diesen Abend eine Serviererin.

Wenn das aus irgendeinem Grund nicht geht, bitten Sie eines Ihrer Kinder oder die Tochter von Freunden, Ihnen für drei Stunden zu helfen. Wenigstens beim Servieren. Ich kenne eine Familie des Hochadels, bei der zwar die Köchin kocht, aber die Kinder servieren, um ihr Taschengeld aufzubessern. Das hat mir sehr imponiert.

Sollte aber etwas schiefgehen, sollten Sie niemanden finden oder die angeheuerte Hilfe versetzt Sie, machen Sie es, wie schon im ersten Kapitel vorgeschlagen: Bitten Sie eine der eingeladenen Damen, Ihnen zu helfen. Rennen Sie nicht allein zwischen Eßzimmer und Küche hin und her, sie riskieren damit, daß alle aufspringen, um Ihnen zu helfen, und dann ist der Erfolg des Abends in Gefahr.

Wen wollen Sie einladen?

Zuerst machen Sie eine Liste der Personen, die Sie einladen wollen. Bei 10 Gästen schreiben Sie 14 auf Ihre Liste, es haben selten alle Zeit. Laden Sie erst diejenigen ein, bei denen Sie verpflichtet sind, dann die, die Sie gern dabei haben wollen. Sollte der eine oder andere verhindert sein, haben Sie ja schon überlegt, wer noch dazu passen könnte.

UNSER MAGISCHER TISCH FÜR GÄSTE GEDECKT

Wie laden Sie ein?

Zu einem informellen Essen können Sie 10 bis 14 Tage und gute Freunde auch eine Woche vorher telefonisch einladen. Personen, die ich unbedingt dabei haben möchte, rufe ich als erste an und spreche mit ihnen den Tag ab, an dem sie frei sind.

Dann erst setze ich den genauen Termin fest. Wenn Sie die Einladung ausgesprochen haben, schriftlich oder mündlich, machen Sie ein Häkchen hinter die Namen, bei einer festen Zusage schreiben Sie »zugesagt« dazu, bei einer Absage streichen Sie den Namen durch und ersetzen ihn durch einen neuen.

*I*ch werde nie vergessen, als einmal zwölf statt zehn Personen in meinem Salon standen. Mein Tisch war wunderschön für zehn Personen gedeckt!

Ich war fassungslos. Ich hatte aus Versehen zwei Leute zuviel eingeladen! Was sollte ich nur tun? Mir brach der Schweiß aus. Aber ich hatte sie schließlich alle eingeladen und mußte die Situation irgendwie retten.

Ich bat also meine Gäste ins Eßzimmer mit der Bitte, sich meine wunderschöne Tischdekoration anzuschauen, da ich sie nunmehr sozusagen zerstören müßte, um noch irgendwie zwei Gedecke mehr auf den Tisch zu plazieren.

»Ich wollte Euch alle heute hier haben, und irgendwie sind es zwei zuviel geworden.« Außer mir fanden das alle sehr komisch, und der Abend war gerettet.

Bei einem formellen Anlaß – Sie müssen zum Beispiel den Chef Ihres Mannes oder Geschäftsfreunde usw. einladen – sollten Sie drei bis vier Wochen vorher schriftlich einladen. Dazu lassen Sie sich am besten Karten drucken, möglichst gleich 100 Stück oder mehr. Dann kann man sie, wenn man in den nächsten Jahren keinen Wohnungswechsel plant, ja immer wieder benutzen.

Bei der Wahl des Tages, sofern es sich nicht um ein schon lange feststehendes Datum wie Geburtstag oder ähnliches handelt, sollte man genau überlegen, welcher Wochentag sich eignet. Ich habe herausgefunden, daß Dienstag, Mittwoch und Donnerstag gute Tage für kleine Abendessen sind, auch wenn die Gäste dann nicht zu lange bleiben, da die meisten ja am nächsten Tag arbeiten müssen.

Über die Kunst der Konversation ...
oder wie es ein gelungener Abend wird

Das Wichtigste für das Gelingen eines Festes ist die Mischung der Gäste. Das gilt für ein kleines gesetztes Essen genauso wie für eine große Party. Je größer aber der Kreis, um so bunter kann die Gästemischung sein. Mixen Sie jung und alt, spießig und exzentrisch. Ich lege großen Wert darauf, schöne junge Frauen und gutaussehende Männer in der Runde zu haben. Nicht nur der Gaumen, auch das Auge will verwöhnt werden. Und auch der treueste Ehemann guckt gern mal nach einem schönen Mädchen. Ein Schuft, der Schlechtes dabei denkt ...

Bei einem kleinen gesetzten Essen mache ich mir über die Auswahl der Gäste schon mehr Gedanken. Ich überlege sehr genau, wen ich mit wem zusammen einlade. Ob die Menschen zusammenpassen und gleiche Interessen haben. Zum Beispiel sollte man vermeiden, begeisterte Golfer mit Nichtgolfern zusammenzubringen.

Wenn an unserem Eßtisch angefangen wird, über Krankheit, Tod oder Politik zu sprechen, sagt mein Mann sofort: »Ich

Tip:

Erkundigen Sie sich, ob Kino- oder Theaterpremieren anstehen oder eine große Modenschau. Denken Sie daran, daß viele Leute am Wochenende auf das Land fahren und dann meistens Freitagmittag die Stadt verlassen.

gebe euch für jedes Thema genau fünf Minuten.« Alle drei Themen sind traurig und oft auch unerfreulich. Wenn jemand eine extreme politische Einstellung hat und er diese laut vertritt, kann der Abend nämlich unangenehm enden.

Schwierig ist es auch, wenn Sie einen begeisterten Witzeerzähler zu Gast haben. Versuchen Sie nach dem dritten Witz das Thema zu wechseln.

*E*s gibt so viele Dinge, über die man reden kann. Den neusten Film, eine spektakuläre Theateraufführung, den letzten Bestseller, das schlechte Fernsehprogramm (und natürlich auch über Golf, aber in Maßen!).

Haben wir zufällig an einem Tag Gäste, an dem ein wichtiges Fußball- oder Tennisendspiel ist und ich bei dem einen oder anderen männlichen Gast vermute, daß er am liebsten zu Hause geblieben wäre, lasse ich im Wohnzimmer den Fernseher laufen. Wer gucken will, soll hingehen. Ich sehe das ganz locker!

Auch ein bißchen Klatsch kann zum Gelingen eines Abends beitragen. Von vielen Menschen wird Klatsch als oberflächlich abgetan. Das mag ja stimmen, aber es gibt ihn, solange es Menschen gibt. Und die interessieren sich nun einmal füreinander, also werden sie auch immer übereinander reden.

Wenn aber über Freunde oder gute Bekannte zu bösartig hergezogen wird, sage ich »Oh, das ist ja interessant, da muß ich sie (oder ihn) morgen gleich anrufen und fragen, ob das stimmt«. Sofort wird sich das Thema ändern und über andere Dinge gesprochen werden.

Als Gastgeber(in) haben Sie es in der Hand, die Konversation zu lenken. Wenn Sie merken, daß es leiser wird und die Unterhaltung erstirbt, fragen Sie Ihr Gegenüber, ob er sich zum Beispiel in der Toskana auskennt, da Sie gerade eine Reise dorthin planen. Wenn er dies verneint, weiß vielleicht ein anderer, der Ihre Frage gehört hat, Bescheid, und schon ist ein gemeinsames Thema da. Genauso geht es mit Kino, Theater, Büchern, Sport oder Hobbys. Überlegen Sie sich vorher einige Themen, mit denen Sie den Abend in Schwung halten können.

Wenn Sie einen Gast haben, der gern über seinen Beruf spricht, fragen Sie ihn etwas, was alle interessieren könnte. Er wird sich freuen, und Ihre anderen Gäste können davon profitieren. Es gibt aber auch den Gast, der stundenlang Monologe hält, die keinen interessieren. Den müssen Sie nach einiger Zeit freundlich unterbrechen.

Wenn Ihr Tisch schmal und lang oder sehr groß und rund ist, ist es schon schwieriger. Dann haben Ihre Gäste nur die Möglichkeit, sich mit ihren Nachbarn zur Rechten oder Linken, bei einem sehr schmalen Tisch eventuell noch mit ihrem Gegenüber zu unterhalten. Ein gemeinsames Thema ist fast unmöglich, deshalb ist hier die Tischordnung ungeheuer wichtig.

Überlegen Sie, wen Sie neben wen setzen. Die meisten Ihrer Gäste werden Sie ja persönlich kennen, somit auch deren Interessen. Vermeiden Sie es, Leute nebeneinanderzusetzen, die sich nicht leiden können. Wenn ich jemanden neben mir

> **» UM IM MITTELPUNKT EINER PARTY ZU STEHEN, DARF MAN AUF KEINEN FALL HINGEHEN. «**
>
> Oscar Wilde

habe, von dem ich gar nichts weiß, frage ich einfach, was machen Sie, wo wohnen Sie, spielen Sie Golf, Tennis usw. Und dann höre ich zu. Versuchen Sie das mal. Es funktioniert (fast) immer und ist noch nie langweilig gewesen.

Männer und Frauen, die hart arbeiten und täglich wichtige Entscheidungen treffen müssen, wollen am Abend entspannen, sich amüsieren und vor allem lachen! Eine geistreiche, spritzige Unterhaltung über allgemeine Themen und ein bißchen amüsanter Klatsch werden ihnen mehr Spaß machen als eine hochgeistige Konversation.

Gebildete und intelligente Menschen, egal ob jung oder alt, werden immer Freude an einem geselligen Zusammensein haben, und jeder sollte das Seine dazu beitragen, damit der Abend ein Erfolg wird.

EINLADUNGSKARTEN

*E*s gibt die verschiedensten Möglichkeiten für gedruckte Karten, und jede gute Druckerei wird Sie bei Größe, Farbe und Schrift beraten. Einige Kriterien aber sind zu beachten:

In die oberste Zeile kommen Ihre Namen und, wenn vorhanden, der Titel. Wenn Sie enge Freunde einladen, schreiben Sie nur deren Vornamen hinein (den Namen des Mannes immer zuerst) und streichen Ihren Titel und Nachnamen durch.

U. A. w. g. (Um Antwort wird gebeten) ist ganz wichtig. Geben Sie als Rückmeldedatum mindestens eine Woche vor dem Einladungstermin an, damit Sie bei einer Absage andere Freunde einladen können. Wenn schon telefonisch zugesagt wurde, können Sie U. A. w. g. durchstreichen und z. E. (zur Erinnerung) daneben schreiben.

Wochentag und Monat des Einladungstermins sollten ausgeschrieben werden, und benutzen Sie, wenn möglich, einen Füller und keinen Kugelschreiber.

Muster-Einladung (Seite 64)

1. Wenn Sie Bekannte einladen, die zusammenleben und noch nicht verheiratet sind, gehören beide Namen und wenn vorhanden auch deren Titel auf die Einladung.

2. Wenn Sie zu einem sonntäglichen Mittagessen einladen, ist eigentlich klar, daß sich keiner fein anzieht. Wenn Sie aber Ihre Gäste noch nicht so gut kennen, schreiben Sie »leger« oder »casual« auf die Einladung, dann weiß jeder, daß er die Krawatte im Schrank lassen kann.

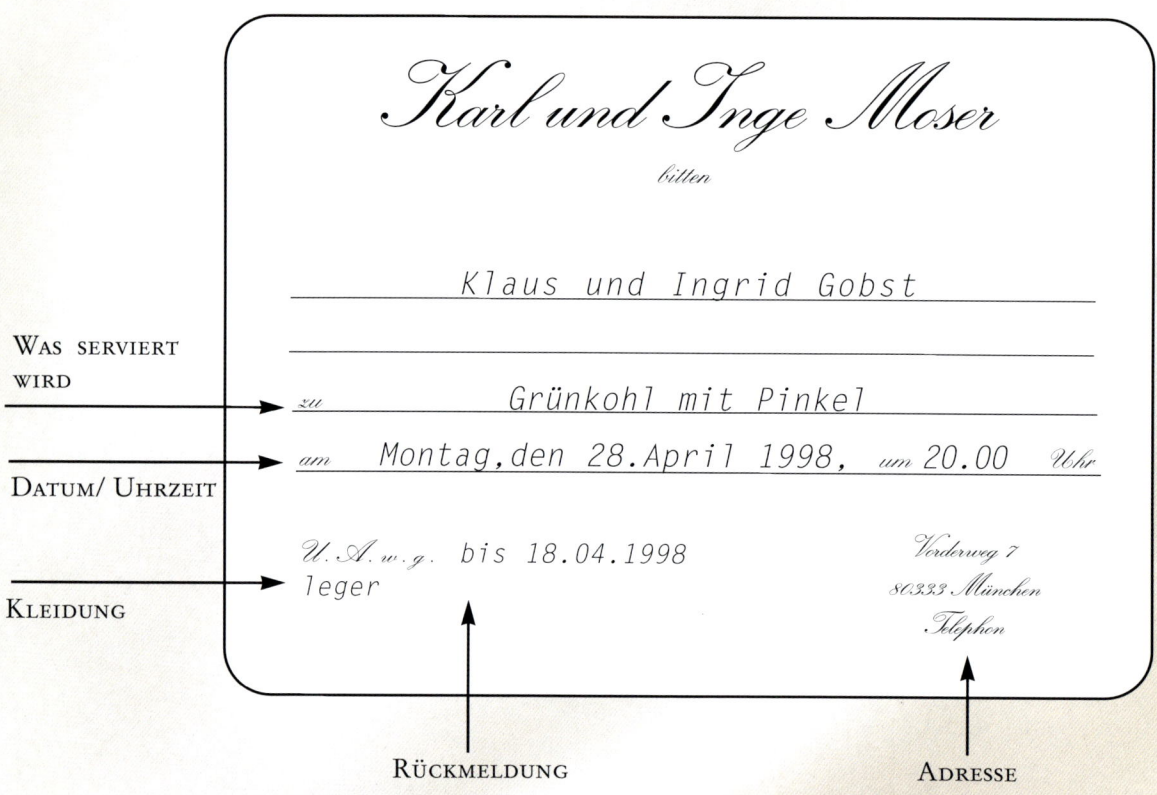

WAS SERVIERT WIRD

DATUM/ UHRZEIT

KLEIDUNG

RÜCKMELDUNG

ADRESSE

3. Wenn ein unverheiratetes Paar zusammenlebt und schriftlich einlädt, gehören beide Namen auf die Einladungskarte.

4. Wenn das Mittag- oder Abendessen zu Ehren einer bestimmten Person gegeben wird, setzen Sie diesen Namen in die Karte.

5. Sie können statt Klaus und Ingrid Gobst Herrn und Frau Klaus Gobst hineinschreiben (wenn Sie den Vornamen der Dame nicht wissen). Nur nie: Herrn Klaus Gobst und Frau Gemahlin oder Gattin.

$\mathcal{N}$un da Sie wissen, wen und wann Sie einladen wollen, müssen Sie sich mit dem Menü beschäftigen. Wenn Sie wirklich nicht selbst kochen wollen oder können, engagieren Sie einen Koch oder einen Catering-Service, die Ihnen, wenn Sie selbst keine festen Vorstellungen haben, auch bei der Auswahl des Menüs helfen und wahrscheinlich ebenfalls beim Problem des Servierens.

Wenn Sie aber selbst kochen wollen, mache ich Ihnen einige Menüvorschläge. Alle Rezepte sind jahrelang von mir erprobt. Ich habe mit meiner »Hausmannskost« nur die besten Erfahrungen gemacht, vor allem bei jenen Gästen, die häufig in Restaurants essen müssen.

Aber auch meine spindeldürrsten Freundinnen, von denen man glauben könnte, daß sie am Abend nicht mehr als ein Salatblatt zu sich nehmen, fragen nicht mehr »Wer kommt denn noch?«, sondern »Was kochst du?«. Und essen zu meinem größten Entzücken mehr als sonst während der ganzen Woche.

$\mathcal{W}$enn das Essen vorbereitet ist, können Sie sich mit dem Decken des Tisches beschäftigen. Zu einem festlichen Essen gehört ein schön gedeckter Tisch. Sie wissen, das Auge ißt mit! Es gibt dafür unendlich viele Möglichkeiten. Alle hier zu beschreiben, würde Sie verwirren und vor allem langweilen. Deshalb mache ich Ihnen auf der folgenden Seite einen grundsätzlichen Vorschlag, den Sie nach Belieben variieren können.

Tip:

Probieren Sie die Rezepte erst einmal an Ihrer Familie aus und wagen Sie sich dann an eine größere Einladung. Und wenn mal etwas schiefgeht, verzweifeln Sie nicht, improvisieren Sie!

Die Grundausstattung

10 weiße Sets (rund, oval oder eckig, die Form ist egal)

10 weiße Stoffservietten

10 Suppenteller oder -tassen

10 Vorlegeteller oder Platzteller (sind sehr hübsch, aber kein Muß)

10 flache Eßteller

10 Dessertteller (für den Käse)

10 Dessertteller (für das Dessert)

10 Suppenlöffel

10 Messer und Gabeln für den Hauptgang

10 kleine Messer und Gabeln für den Käse (wenn Sie kein kleines Besteck haben, geht auch das große)

10 Teelöffel für das Dessert

1 Suppenterrine

1 Suppenkelle

1-2 große Platten für das Fleisch

1-2 Fleischgabeln (es gehen auch normale Gabeln)

1 Schüssel für die Kartoffeln

1 großer Löffel

1-2 Saucieren oder kleine Schüsseln für die Sauce

1-2 kleine Schöpfkellen oder Löffel

1 Käsebrett oder eine große Käseplatte

1 Käsemesser

1 Butterteller

1 Buttermesser

1 Brotkorb

1 Schüssel für das Eis

1 Vorlegelöffel

1-2 Saucieren für die Vanillesauce

1-2 Schöpfkellen

10 Kaffeetassen

10 Kaffeelöffel

1 Zuckerdose

1 Milchkännchen

2 Aschenbecher

10 Weingläser (es ist nicht nötig, verschiedene Gläser für Rot- oder Weißwein zu haben, es gibt heute Gläser, die sich für beides eignen)

10 Biergläser (dafür kann man auch hohe Wassergläser nehmen)

10 Wassergläser

10 Schnapsgläser

4 Salz- und Pfeffernäpfchen oder -streuer

4 Menükarten-Halter (sehr hübsch, aber kein Muß)

Sollten Sie nicht genug Geschirr oder Besteck haben, muß Ihre Hilfe (die Sie bei diesem Essen wirklich brauchen) in den Pausen, die zwischen den Gängen entstehen, das Nötige abspülen. Die Gäste zu bitten, das Besteck für den nächsten Gang zu behalten, geht nun nicht mehr!

EIN KORREKT GELEG-TES GEDECK FÜR MEH-RERE GÄNGE

Wie decken Sie den Tisch?

Auf die Sets stellen Sie den Vorlegeteller oder Platzteller (falls vorhanden), darauf dann den flachen Eßteller und darauf Suppenteller oder -tasse. Die Serviette auf den Teller oder links daneben. Gabel links, Messer rechts vom Teller, den Suppenlöffel rechts neben dem Messer. Oberhalb des Tellers den Dessertlöffel und das Käsebesteck. Oben rechts vom Teller das Wein- oder Bierglas, ein Wasser- und ein Schnapsglas. Auf jede Seite des Tisches, ungefähr in die Mitte, stellen Sie Pfeffer und Salz, daneben, wenn vorhanden, eine Menükarte. Wenn Sie keine Menükarten-Halter haben, können Sie die Menükarte auch jeweils zwischen zwei Gedecke legen. In die Mitte des Tisches stellen Sie Blumen. Eventuell auch Kerzen.

Nun überlegen Sie sich die Tischordnung. Sie ist sehr wichtig und trägt erheblich zum Erfolg des Abends bei.

Wenn Sie einen Ehrengast haben, sitzt er links neben der Dame des Hauses, ist der Ehrengast eine Dame, sitzt sie rechts neben dem Hausherrn. Ansonsten kann es bei einem quadratischen Tisch und nur zehn Gästen keine Plazierungsprobleme geben, es gibt einfach keinen »schlechten« Platz. »Wie locker Sie das machen, ich habe immer Probleme ohne Tischkarten«,

Wenn Sie keine Tischkarten benutzen möchten, machen Sie es so wie ich: Ich trenne die Paare und plaziere sie so, daß sie sich gegenübersitzen.

Tip:

Im Sommer kann man als Tischkarten große Blätter nehmen und mit einem Goldstift die Namen darauf schreiben. Das ist besonders hübsch, wenn man auf der Terrasse oder im Garten ißt.

sagte einmal ein weiblicher Gast. Wenn sie jetzt das Buch liest, weiß sie, wie es geht.

Am einfachsten ist es aber, wenn Sie kleine Tischkarten schreiben. Es gibt sie in jedem guten Papiergeschäft zu kaufen. Sie können sich aber auch selbst welche aus weißem Karton zurechtschneiden, etwa 4 cm x 8 cm groß.

Bei Freunden schreiben Sie nur die Vornamen darauf, sonst gibt es verschiedene Möglichkeiten, die alle korrekt sind. Sie können zum Beispiel schreiben: Hans Moser oder auch Herr Moser – beides ist korrekt.

Bei einem Adelstitel heißt es entweder: Olga Prinzessin von Molto oder Prinzessin von Molto.

Legen Sie die Tischkarten auf den Teller oder, wenn Sie geknickt sind, stellen Sie sie am Kopfende des Tellers auf. Das hat den Vorteil, daß die Gäste, die sich nicht kennen und bei der Vorstellung den Namen nicht behalten haben, lesen können, wer neben ihnen sitzt.

Wie servieren Sie?

Es gibt verschiedene Möglichkeiten, das Essen zu servieren.

Man kann es in der Küche auf vorgewärmte Teller geben oder vom Personal (sofern man hat) auf Platten und in Schüsseln herumreichen lassen.

Ich stelle die Speisen in die Mitte des Tisches (dazu muß ich natürlich die Blumendekoration vom Tisch nehmen), und die Gäste bedienen sich selbst. Nur die Suppe teile ich aus. Erst den Damen, dann den Herren, zum Schluß meinem Mann und mir. Dann kann sich jeder nehmen, wann und wieviel er will.

Außerdem lockert es die Atmosphäre sehr auf.

Wie meine Freundin Susi immer sagt: »Wir sind doch nicht bei Königs!«

Die Getränke

Denken Sie daran, die Getränke rechtzeitig kalt zu stellen. Sorgen Sie dafür, daß es immer genug zu trinken gibt. Vielleicht übernehmen Sie ja die im ersten Kapitel beschriebene Methode mit dem Korb, der vollgefüllt neben dem Platz Ihres Mannes steht. Nach dem Essen bieten Sie Kaffee oder Tee an und »heben die Tafel auf«. Der Kaffee ist im Salon hergerichtet.

Manchmal wollen einige Gäste am Eßtisch sitzen bleiben, weil sie sich gerade so gut unterhalten. Sie bekommen dann ihren Kaffee natürlich dort.

Selbstverständlich darf geraucht werden, auch wenn wir begeisterte Nichtraucher sind. So, nun ist alles klar.

Und noch mal fürs richtige Timing: Versuchen Sie, 15 Minuten, bevor Ihre Gäste kommen, mit allem fertig zu sein. Zünden Sie die Kerzen an, machen Sie schöne Musik und nehmen Sie einen Drink. Alle Anspannung wird dann von Ihnen abfallen. Und Sie können sich auf einen schönen Abend mit Ihren Gästen freuen.

Ich habe Ihnen vier Menüvorschläge gemacht, die Sie natürlich beliebig variieren können. Wenn Sie oder einer Ihrer Gäste nicht gern Tomatensuppe essen, machen Sie statt dessen den Feldsalat. Auch der Käse ist kein Muß. Ich habe nur die Erfahrung gemacht, daß er sehr gern gegessen wird.

Selbstverständlich wollen Sie im Sommer keinen Grünkohl anbieten, das ist ein reines Winter-Essen. Und den Beerentopf im Winter zu servieren, wenn die Früchte utopisch teuer sind, ist auch Unsinn. Aber bei den Menüvorschlägen ist für jede Jahreszeit etwas dabei.

MENU

Tarator
Bulgarische Gurkensuppe

•

Kalter Tafelspitz mit
Bratkartoffeln
und Sauce Vinaigrette

•

Käseplatte

•

Schokoladeneis mit Vanillesauce

•

Kaffee

··

TARATOR BULGARISCHE GURKENSUPPE

Die Gurken schälen und in etwa 2 cm große Würfel schneiden. Die Gurkenwürfel leicht salzen und zugedeckt etwa 2 Stunden in den Kühlschrank stellen.

Den Dill waschen und trockenschütteln. Die Spitzen abzupfen und, bis auf wenige für die Garnitur, fein hacken. 100 g Walnüsse im Mixer zerkleinern. Joghurt und Sahne in eine große Schüssel geben und verrühren. Den Dill, das Öl und die zerkleinerten Walnüsse untermischen. Den Knoblauch schälen, durch die Presse drücken und unterrühren.

Die Gurkenwürfel in ein Sieb geben, gut abtropfen lassen und unter die Joghurtmasse mischen. Mit Salz und Pfeffer abschmecken.

Dann die restlichen Walnüsse und die zurückbehaltenen Dillspitzen auf die Suppe streuen. Am besten schmeckt die Suppe, wenn sie eiskalt serviert wird.

TIP: Statt der sauren Sahne können Sie auch Buttermilch nehmen.

ZUTATEN:
3 Salatgurken
Salz
2 Bund Dill
150 g Walnußkerne
6 Becher Joghurt à 200 g
6 Becher saure Sahne à 200 g
3 EL Olivenöl
4 Knoblauchzehen
weißer Pfeffer

Tip:

Bei diesem Menü können Sie alles, bis auf das Braten der Kartoffeln, vorbereiten. Sie können sogar den Speck und die Zwiebeln schon braten, müssen sie nur wieder erhitzen, bevor Sie die Kartoffeln – kurz vor dem Essen – braten. Die Vanillesauce ist schon gekocht und wird vor dem Servieren nur noch erhitzt.

KALTER TAFELSPITZ MIT APFELMEERRETTICH

ZUTATEN:
2 1/2 kg Tafelspitz
500 g Suppenknochen
2 Markknochen
2 Bund Suppengrün
1 große Zwiebel
Salz, Pfeffer
Außerdem
Petersilie zum Garnieren
Tomaten zum Garnieren

Einen großen Topf von etwa 10 l Fassungsvermögen zur Hälfte mit Wasser füllen. Das Wasser zum Kochen bringen. Das Fleisch, die Knochen, das Suppengrün sowie die ungeschälte Zwiebel hineingeben und alles zugedeckt etwa 2 1/2 Stunden bei schwacher bis mittlerer Hitze köcheln lassen. Das Fleisch herausnehmen, auskühlen lassen und in das Tiefkühlfach legen. Es empfiehlt sich, das Fleisch wegen des Einfrierens am Tag zuvor zu kochen.

Die Brühe durch ein Sieb in einen anderen Topf gießen. (Nicht daß es Ihnen ergeht wie meinem Freund Hansi, der vergaß, einen Topf unter das Sieb zu stellen, und starr vor Entsetzen seine köstliche Brühe im Ausguß verschwinden sah.)

1 Tasse Brühe abnehmen. (Die restliche Brühe in 3 Portionen einfrieren. Wir brauchen sie bei den nächsten Menüs, zum Beispiel für die Leberknödelsuppe.)

Am Tag der Einladung das Fleisch morgens aus dem Tiefkühlfach nehmen und 1-2 Stunden antauen lassen. Das Fleisch in halbgefrorenem Zustand mit einem elektrischen Messer hauchdünn schneiden und auf einer großen Platte anrichten. Dabei nicht zu sehr übereinanderschichten.

Die zurückbehaltene Brühe mit 2 Tassen Wasser erhitzen und mit Salz sowie Pfeffer würzen. Die Brühe über das Fleisch gießen, damit es nicht austrocknet. Mit Petersilie und Tomaten garnieren und bis zum Servieren mit Folie abdecken.

APFELMEERRETTICH

ZUTATEN:
1 großes Glas Apfelmus
1/2 Glas geriebener
Meerrettich

Das Apfelmus in einer Schüssel mit dem Meerrettich verrühren. Falls es noch nicht scharf genug sein sollte, einfach noch 1-2 Eßlöffeln Meerrettich unterrühren.

BRATKARTOFFELN

ZUTATEN:
3 kg kleine festkochende
Kartoffeln (z. B. Sieglinde,
Nicola)
3 große Zwiebeln
3 Knoblauchzehen nach
Belieben
2 Bund Petersilie
50 g Kerbel
250 g geräucherter, durchwachsener Speck
100 g Butterschmalz
Salz, schwarzer Pfeffer

Die Kartoffeln waschen und in einem Topf mit Wasser bedeckt in etwa 20 Minuten gar kochen. Die Kartoffeln abgießen und auskühlen lassen. Dann schälen und in dünne Scheiben schneiden. Die Zwiebeln sowie den Knoblauch schälen und kleinwürfeln. Die Petersilie sowie den Kerbel waschen, trockenschütteln und ohne grobe Stiele fein hacken. Den Speck von der Schwarte befreien und in kleine Würfel schneiden. In zwei großen, möglichst gußeisernen Pfannen je 50 g Butterschmalz erhitzen. Je die Hälfte des Specks darin kroß anbraten. Je die Hälfte der Zwiebeln und des Knoblauchs dazugeben und braun anbraten. Je die Hälfte der Kartoffeln in die Pfannen geben und bei mittlerer Hitze unter Wenden goldbraun anbraten. Bei Bedarf noch etwas Butterschmalz dazugeben. Mit Salz sowie Pfeffer würzen und mit den Kräutern bestreuen. Die Kartoffeln müssen heiß serviert werden.

TIP: Heben Sie die Speckschwarte für die nächste Erbsensuppe auf.

SAUCE VINAIGRETTE

Die Eier und die Zwiebeln schälen und fein würfeln. Die Gewürzgurken kleinwürfeln. Die Petersilie und den Kerbel waschen, trockenschütteln und ohne Stiele kleinhacken. Den Schnittlauch waschen, trockenschütteln und in Röllchen schneiden. Alles in einer Schüssel vermengen und so viel Olivenöl unterrühren, bis eine Sauce entstanden ist. Den Senf und die Flüssigwürze unterrühren. Die Sauce mit Essig, Salz und Pfeffer abschmecken.

ZUTATEN:
2 hartgekochte Eier
3 mittelgroße Zwiebeln
6-8 kleine Gewürzgurken
1 Bund Petersilie
50 g frischer Kerbel
1 Bund Schnittlauch
Olivenöl
2 TL Senf
2 TL Flüssigwürze
Essig
Salz, schwarzer Pfeffer

ÄSEPLATTE

Den Käse auf einer Platte oder einem Brett anrichten. Das Obst waschen, trockentupfen und dekorativ auf der Käseplatte anrichten. Ein Käsemesser dazulegen. Die Butter mit einem Buttermesser separat auf einem Teller oder in einem Schälchen servieren.

Das Brot in Scheiben schneiden und in einem Korb oder einer Schale servieren.

ZUTATEN:
3-4 Sorten Käse am Stück
Trauben, Birnen und Äpfel
Butter
3-4 Sorten Brot (Vollkorn,
Pumpernickel, Bauernbrot)

SCHOKOLADENEIS MIT HEISSER VANILLESAUCE

Das Schokoladeneis auf 10 Tellern portionieren. Die Vanillesauce in einem Topf erhitzen und über das Eis verteilen.

ZUTATEN:
2 l Schokoladeneis
500 ml Vanillesauce
(Fertigprodukt)

MENU

Feldsalat mit Champignons und Speck

•

Osso Buco

•

Käse

•

Tiramisu

*Zu diesem Essen paßt ein leichter italienischer Rotwein
und nach dem Essen eine Grappa.
Alle Rezepte für 10 Personen*

FELDSALAT MIT CHAMPIGNONS UND SPECK

Den Feldsalat gründlich waschen, putzen und trockenschleudern. Die Pilze putzen und in sehr dünne Scheiben schneiden. Den Speck von der Schwarte befreien, sehr fein würfeln und in einer Pfanne ohne Fett kroß ausbraten. Entstandenes Fett abgießen.

Den Feldsalat und die Pilze in eine Salatschüssel geben, mit der Sauce beträufeln und alles vorsichtig vermischen. Die Speckwürfel über den Salat streuen.

TIP: Pilze erst kurz vor dem Servieren schneiden, sie werden sehr schnell dunkel und unansehnlich.

*ZUTATEN:
500 g Feldsalat
300 g Champignons
200 g geräucherter,
durchwachsener Speck
Salatsauce von
Seite 37*

OSSO BUCO

ZUTATEN:
14 Scheiben Kalbshaxen
(Sagen Sie dem Metzger,
daß Sie sie für Osso buco
brauchen)
Salz, schwarzer Pfeffer
3 EL Mehl
150 g Butterschmalz
6 Bund Suppengrün
4 große Zwiebeln
6 Knoblauchzehen
8 Dosen geschälte Tomaten
(à 850 g)
frischer, gehackter oder
getrockneter Thymian,
Rosmarin, Majoran, Salbei,
Oregano (mindestens 3 ver-
schiedene Kräuter)

Das Fleisch salzen, pfeffern und in Mehl wenden. In einem großen, flachen Topf das Butterschmalz erhitzen und das Fleisch von beiden Seiten braun anbraten. Herausnehmen und beiseite stellen. Den Backofen auf 150 °C vorheizen.

Das Suppengrün waschen und kleinschneiden. Die Zwiebeln sowie den Knoblauch schälen und hacken. Das Suppengrün, die Zwiebel- und Knoblauchwürfel im Topf im Bratensatz kurz anbraten. Die Tomaten ohne Saft in den Topf geben, mit einer Gabel zerdrücken und unter das Gemüse mischen. Salzen, pfeffern und nach Belieben mit den Kräutern würzen. Das angebratene Fleisch wieder in den Topf zu dem Gemüse geben und zugedeckt 1 Stunde im Ofen (Gas Stufe 1; Umluft 130 °C) garen. Dann ohne Deckel weitere 15 Minuten garen. Das Fleisch aus dem Gemüse nehmen und warm stellen. Das Gemüse so lange ohne Deckel im Ofen lassen, bis es dickflüssig geworden ist (das kann 40-50 Minuten dauern). Das Gemüse nochmals abschmecken. Das Fleisch auf einer großen Platte anrichten und mit dem Gemüse überziehen. Dazu Stangenweißbrot oder Reis servieren.

KÄSE

ZUTATEN:
1 großes Stück Parmesan
Stangenweißbrot
Butter

Den Parmesan auf einem Brett anrichten. Ein Käsemesser dazulegen. Das Weißbrot in Scheiben in einen Brotkorb legen. Die Butter auf einem Teller oder in einem Schälchen servieren.

TIRAMISU

ZUTATEN:
4 große Eier
200 g Schlagsahne
8 EL Zucker
500 g Mascarpone
500 ml starken Kaffee
250 ml Amaretto
300 g Löffelbiskuits
Außerdem
Kakaopulver zum
Bestäuben

Die Eier trennen. Die Eiweiße und die Schlagsahne getrennt steifschlagen. Die Eigelbe zusammen mit dem Zucker in eine Schüssel geben und mit den Schneebesen des Handrührgerätes dick-schaumig aufschlagen. Den Mascarpone unterrühren. Den Eischnee und die Sahne unterheben.

Den Kaffee mit dem Likör in einer Schüssel verrühren. Die Biskuits nacheinander kurz in die Kaffee-Likör-Mischung eintauchen und nebeneinander in eine breite Form legen, so daß der Boden damit bedeckt ist. Dann eine Schicht Mascarponecreme darauf verteilen. Auf diese Weise Biskuits und Creme abwechselnd in die Form schichten, dabei mit einer Schicht Creme abschließen.

Das Dessert bis zum Servieren in den Kühlschrank stellen. Vor dem Servieren Kakaopulver darübersieben.

MENU

Dänische
Ochsenschwanzsuppe

•

Grünkohl
mit Pinkel

•

Käse und Schmalz

•

Rote Grütze mit
Vanillesauce

Zu diesem Menü schmeckt natürlich Bier am besten.
Weintrinker sollten einen Pinot Grigio dazu probieren.
Alle Rezepte für 10 Personen

DÄNISCHE OCHSEN-SCHWANZSUPPE

In einem großen Topf 4 l Wasser zum Kochen bringen. Den Ochsenschwanz dann zusammen mit dem Essig, den Lorbeerblättern sowie den Wacholderbeeren hineingeben und etwa 2 1/2 Stunden köcheln lassen, bis sich das Fleisch vom Knochen löst. Das Fleisch aus der Brühe nehmen.

Die Kartoffeln, die Zwiebeln sowie die Möhren schälen und in mundgerechte Stücke schneiden. In die Brühe geben und etwa 10 Minuten kochen, bis alle Gemüsesorten gar sind. Inzwischen das Fleisch vom Knochen ablösen und fein hacken.

Das Gemüse aus der Brühe nehmen und in einer Schüssel mit dem Stabmixer pürieren. Dann zusammen mit dem Fleisch in die Brühe zurückgeben. Den Rotwein sowie die Crème fraîche unterrühren und mit Salz sowie Pfeffer würzen.

ZUTATEN:
1 Ochsenschwanz
3 EL Essig
5 Lorbeerblätter
5 Wacholderbeeren
5 große Kartoffeln
5 Zwiebeln
5 Möhren
250 ml Rotwein
125 g Crème fraîche
Salz, schwarzer Pfeffer

GRÜNKOHL MIT PINKEL

ZUTATEN:

1 kg geräucherter, durch-
wachsener Speck
4 große Zwiebeln
250 g Schweineschmalz
5 kg roher, aufgetauter
Tiefkühl-Grünkohl
5 EL gekörnte Brühe
10 Mettwürste oder
Mettenden
5 Pinkel (Grützwürste)
Salz, schwarzer Pfeffer

Den Speck von der Schwarte befreien und in 12-14 gleich große Stücke schneiden. Die Zwiebeln schälen und vierteln. Das Schmalz in einem Topf von 10 l Fassungsvermögen erhitzen. Die Speckstücke und die Zwiebeln darin kräftig anbraten. Den Grünkohl und die Speckschwarte dazugeben, mit etwa 250 ml Wasser aufgießen und etwa 1 1/2 Stunden zugedeckt auf kleiner Flamme köcheln lassen. Zwischendurch immer wieder umrühren und bei Bedarf etwas Wasser nachgießen, damit das Gemüse nicht anbrennt. Die Brühe untermischen. Die Würste einlegen und in etwa 10 Minuten erwärmen. Den Grünkohl mit Salz und Pfeffer abschmecken. Als Beilage schmecken geröstete Kartoffeln und scharfer Senf.

TIP: Ich habe festgestellt, daß die meisten Leute die fetten Pinkel (Grützwürste) nicht mögen, deshalb nehme ich nur noch Mettwürste. Am besten kochen Sie den Grünkohl am Vortag, denn aufgewärmt schmeckt er besonders gut.

KÄSE

ZUTATEN:

3-4 Sorten deftiger Käse
Brot
Butter und Schmalz

Die Käsesorten zusammen mit einem Käsemesser auf einem Brett anrichten. Das Brot in Scheiben schneiden und in einen Brotkorb legen. Die Butter und das Schmalz separat in Schälchen geben und Messer dazulegen.

ROTE GRÜTZE

Die Johannisbeeren waschen und mit einer Gabel von den Stielen streifen. Die Himbeeren putzen. Die Erdbeeren waschen, von den Stielansätzen befreien und kleinschneiden. Die Sauerkirschen über einem Topf in ein Sieb abgießen. Die Johannis- und Himbeeren in den Sauerkirschsaft geben, mit 750 ml Wasser aufgießen und alles zum Kochen bringen.

Inzwischen die Speisestärke in etwa 100 ml kaltem Wasser anrühren. Die kochende Fruchtmischung vom Feuer nehmen und die Speisestärke unterrühren.

Den Zucker, die kleingeschnittenen Erdbeeren und die Sauerkirschen unter die angedickte Fruchtmasse rühren, nochmals auf den Herd stellen und aufkochen lassen.

Die Grütze in eine Servierschüssel umfüllen und abkühlen lassen. Dann mindestens 1 Stunde in den Kühlschrank stellen. Dazu geschlagene Sahne oder Vanillesauce servieren.

TIP: Wenn Sie die Grütze direkt nach dem Umfüllen in die Schüssel mit etwas Zucker bestreuen, bildet sich keine Haut.

ZUTATEN:
250 g Rote Johannisbeeren
125 g Schwarze Johannisbeeren
125 g Himbeeren
500 g Erdbeeren
1 Glas entsteinte Sauerkirschen
65 g Speisestärke
250 g Zucker
Außerdem
Schlagsahne nach Belieben
Vanillesauce nach Belieben

....

Ein trockener Riesling ist die klassische Weinempfehlung zu diesem Gericht.

Alle Rezepte für 10 Personen

Tomatensuppe

Die Schalotten oder Zwiebeln sowie den Knoblauch schälen und fein hacken. Das Basilikum waschen und trockenschütteln. Die Blättchen von den Stielen zupfen und fein hacken. Die Butter in einem mittelgroßen Topf zerlassen und die Schalotten sowie den Knoblauch darin goldgelb werden lassen.

Die Tomaten samt Saft in einer Schüssel mit einem Stabmixer pürieren und in den Topf geben. Falls die Suppe zu dickflüssig ist, noch etwas Wasser angießen. Die Suppe mit der gekörnten Brühe würzen und zugedeckt bei schwacher Hitze 20 Minuten köcheln lassen.

Mit Salz und Pfeffer abschmecken. Zum Schluß die Crème fraîche sowie die Hälfte des Basilikums darunterrühren und noch 10 Minuten ziehen lassen. Die Suppe zum Servieren in eine Suppenterrine umfüllen und mit dem restlichen Basilikum bestreuen.

ZUTATEN:
150 g Schalotten oder milde Zwiebeln
2 Knoblauchzehen
2 Bund Basilikum
100 g Butter
3 Dosen geschälte Tomaten (à 850 g)
3 EL gekörnte Brühe
Salz, schwarzer Pfeffer
500 g Crème fraîche

ℋUHN IN WEISSWEIN

ZUTATEN:
2 Brathähnchen oder 12-15
Hühnerkeulen
Salz, Pfeffer
3 TL Kräuter der Provence
100 g Butterschmalz
150 g Schalotten oder
Zwiebeln
1 Flasche Weißwein
500 g Crème fraîche

Die Hähnchen innen und außen waschen, trockentupfen und in jeweils 6-8 Teile zerlegen. Mit Salz, Pfeffer und Kräutern bestreuen.

Das Butterschmalz in einem großen Topf oder einer großen Pfanne mit hohem Rand erhitzen. Die Hähnchenteile dann nach und nach portionsweise von allen Seiten kräftig darin anbraten.

Die Schalotten oder Zwiebeln schälen und hacken. Alle Hähnchenteile zurück in den Topf geben und mit den Schalotten bestreuen. Den Weißwein darübergießen und zugedeckt bei schwacher Hitze 30 Minuten köcheln lassen.

Vor dem Servieren das Fleisch aus dem Topf nehmen und in eine vorgewärmte Schüssel geben. Die Crème fraîche unter die Weißweinsauce rühren und so lange bei starker Hitze offen einkochen lassen, bis die Sauce schön sämig ist. Die Sauce mit Salz sowie Pfeffer abschmecken und über das Fleisch gießen. Dazu paßt Reis oder Stangenweißbrot.

𝒦ÄSE

ZUTATEN:
1 großer Camembert
Weißbrot
Butter

Den Camembert zusammen mit einem Käsemesser auf einem Brett anrichten. Das Brot in Scheiben schneiden und in einen Brotkorb legen. Die Butter zusammen mit einem Messer auf einem Teller servieren.

BEERENTOPF

Die Beeren waschen, trockentupfen und je nach Sorte von Stielansätzen oder Stielen befreien. Dann die Beeren abwechselnd mit Zucker bestreut in eine Glasschüssel schichten. Mindestens 3 Stunden in den Kühlschrank stellen. Kurz vor dem Servieren die Schlagsahne steifschlagen und in eine Schüssel geben. Beeren und Sahne getrennt servieren.

ZUTATEN:
2 1/2 kg gemischte Beeren
(z. B. Erdbeeren, Blaubeeren,
Stachelbeeren, Rote und
Schwarze Johannisbeeren,
Himbeeren)
Zucker zum Bestreuen
400 g Schlagsahne

EINE COCKTAILPARTY?
KEIN PROBLEM!

*W*enn Sie einen großen Bekanntenkreis haben, sehr oft eingeladen werden und keine Lust oder keine Zeit haben, kleine Rückeinladungen zu geben, bitten Sie zu einem »Cocktail«. Diese Art von Empfang hat mehrere Vorteile. Der größte ist, daß Sie sich aller Ihrer Verpflichtungen auf einen Schlag entledigen. Ein weiterer, daß die Zeit begrenzt ist, also etwa von 18 bis 20 Uhr oder von 19 bis 21 Uhr.

Wenn dann der eine oder andere Gast doch bis 22 Uhr bleibt, kann man das noch tolerieren, aber spätestens dann kann man ihn höflich hinauskomplimentieren.

Meine alte Freundin Ines de Terra, die berühmt war für ihre Cocktailparties, hat immer um 22 Uhr mit einer silbernen Glocke geläutet und gerufen: »Die Party ist vorbei.«

Die meisten Ihrer Gäste werden sich sowieso danach zum Abendessen in einem Lokal verabredet haben, wollen ins Theater gehen oder haben noch etwas anderes vor.

Ich liebe es, ab und zu auf Cocktailparties zu gehen. Man trifft alte Bekannte, die man ewig nicht gesehen hat, kann mit jedem reden und ist nicht dazu verurteilt, unter Umständen den ganzen Abend mit einem langweiligen Tischherrn zu verbringen. Natürlich lernt man auch neue Menschen kennen, sieht gut angezogene Frauen und erfährt den neuesten Klatsch. Und das Beste: Man kann gehen, wann man will, ohne den Gastgeber oder die Gastgeberin zu beleidigen. Es ist nicht einmal unbedingt nötig, sich zu verabschieden.

Tip:

Für alle, die weniger Erfahrung mit Cocktailparties haben: »Kleben« Sie nicht stundenlang an ein und derselben Person. Manchmal ist es zwar nicht leicht, einfach zum nächsten zu gehen, aber sagen Sie freundlich: »Da ist ja eine alte Freundin von mir, die muß ich unbedingt begrüßen«. Dann wird Ihr Gesprächspartner nicht beleidigt sein und sich auch einem anderen zuwenden. Und: Stehen Sie nicht allein in einer Ecke. Gehen Sie auf fremde Menschen zu und beginnen Sie mit einer Unterhaltung. Dafür sind solche Parties da. Ein bißchen »Smalltalk«, und nach kurzer Zeit werden Sie ein Thema gefunden haben, das Sie beide interessiert.

Wenn Sie sich in den nächsten Tagen telefonisch oder schriftlich bedanken, können Sie kurz erwähnen, daß Sie noch eine
andere Verabredung hatten und Sie bei Ihrem Aufbruch weder
Gäste noch Gastgeber stören wollten.

Wen und wie viele Gäste wollen Sie einladen?

Je nach Größe Ihrer Wohnung oder Ihres Hauses laden Sie so
viele Gäste wie möglich ein. Haben Sie eine Ein-Zimmer-
Wohnung mit etwa 30 qm, laden Sie ruhig 30 Leute ein.
Erstens muß es voll sein, zweitens kommen nie alle und schon
gar nicht auf einmal. Wenn Sie eine große Wohnung oder ein
Haus haben, wagen Sie es ruhig, 100 Personen einzuladen.
Rechnen Sie 1 qm pro Person. Eigentlich ein schrecklicher
Gedanke, wenn man sich das bildlich vorstellt!

Aber Sie müssen wissen, daß nie alle, die zusagen, auch
erscheinen, und daß die, die dann kommen, wie oben schon
erwähnt, nicht alle zur gleichen Zeit da sind.

Ich weiß, daß Sie mir das nun nicht glauben. Auf 100 qm, auf
denen ja auch noch Möbel stehen, 100 Menschen – ein
Alptraum!

Als ich das erste Mal eine Cocktailparty gab, hatte ich 50 Leute
eingeladen. Mein Haus hat mit Diele, Wohn- und Eßzimmer,
die alle ohne Türen ineinander übergehen, ungefähr
100 qm. Ich fand mich schon sehr mutig und hatte Alpträume
von qualvoller Enge.

Meine Freundin Gisela Bree, eine professionelle Party-
veranstalterin, lachte nur und sagte: »In dein Haus gehen
locker 100 Leute. Lade wenigstens noch 25 Leute dazu ein.«

Ich glaubte ihr nicht. Als die Party dann stattfand, mußte ich ihr Recht geben. Von den 50 Gästen, die zugesagt hatten, waren nur 43 gekommen. (Ich weiß das noch so genau, weil ich über meine Parties »Buch« führe, aber darüber später.)

Bei einem war der Hund und bei einer anderen das Kind krank, ein dritter hatte den Flieger verpaßt. Welche Gründe auch immer, rechnen Sie damit, daß 10 bis 15 Prozent nicht erscheinen. Außerdem kamen einige sehr pünktlich, die wegen einer späteren Verabredung schon gingen, als die letzten kamen. Es war eher zu leer als zu voll, also entschloß ich mich, beim nächsten Mal 70 Personen einzuladen.

Und wieder mußte ich feststellen, daß es nicht zu voll war (aus den oben genannten Gründen) und nun lade ich immer etwa 100 Personen ein, dann kommen ungefähr 80, es ist genau richtig voll und lustig. Und meine Freundin Gisela ist froh, daß ich es endlich gelernt habe. Aber ich gebe zu, es hat gedauert! Also haben Sie Mut und laden Sie hemmungslos ein: Freunde, Bekannte, Nachbarn, Ihren Arzt, und wenn Ihre Kinder Spaß daran haben, sollen sie kommen und nette Freunde dazu bitten. Mischen Sie jung und alt, Verheiratete und Singles. Nehmen Sie keine Rücksicht darauf, ob einer Ihrer Freunde hochgeistige Konversation bevorzugt und sich möglicherweise langweilen könnte. Bei so vielen Menschen findet auch er sicher jemanden, der ihn interessiert.

Wie laden Sie ein?

Als erstes machen Sie sich eine Liste der Personen, die Sie einladen wollen und müssen. Numerieren Sie sie durch, dann brauchen Sie nicht immer nachzuzählen. Sie können telefonisch und auch schriftlich einladen (Einladungskarten siehe Seite 64).

Bei mehr als 20 Gästen kann ich nur empfehlen, es schriftlich zu tun. Mit 100 Leuten zu telefonieren dauert Tage und ist wesentlich teurer.

Verschicken Sie die Karten etwa zwei bis drei Wochen vorher, damit Sie bei Absagen eventuell noch weitere Einladungen verschicken können.

Notieren Sie die Zu- und Absagen auf Ihrer Liste. Wenn jemand, der Ihnen wichtig ist, zu dem genannten Termin nichts hat von sich hören lassen, rufen Sie an und fragen, ob die Einladung womöglich nicht eingetroffen ist. So etwas kommt vor.

Oft hat man nur die Telefonnummer von Freunden und Bekannten, und es ist ungeheuer mühsam, Adressen, Postleitzahlen usw. herauszufinden.
Machen Sie, wenn Sie die Karten oder Kuverts schreiben, gleich eine Liste mit den vollständigen Adressen, Telefon- und Faxnummern. Das erleichtert Ihnen das Einladen beim nächsten Mal.

Was bieten Sie an?

Bei Cocktailparties ist es üblich, eine Kleinigkeit zu essen anzubieten. Wenn Sie keine Zeit haben, selbst etwas zu machen, bestellen Sie bei einem Catering-Service kleine Kanapees, die sogenannten »Ausgestochenen«.

Ich betone klein, weil »Stullen«, von denen man abbeißen muß, jeden geschminkten Mund ruinieren. Jeder gute Catering-Service wird Ihnen dazu Vorschläge unterbreiten.

Wenn Sie aber Spaß und Lust haben, es selbst zu machen, habe ich einige Tips für Sie. Rechnen Sie pro Person sechs bis acht

Happen. Richten Sie die Kanapees auf großen Platten an und lassen Sie sie am Abend herumreichen.

Wenn Sie nur kleine Schnittchen anbieten, was bei einem Cocktail völlig ausreichend ist, da sich ja keiner »satt essen« soll, brauchen Sie keine Teller. Aber ganz wichtig sind Servietten, die bei so vielen Menschen aus Papier sein dürfen. Legen Sie auf jeden Tablettrand einen Stapel davon.

Bei den Getränken würde ich mich auf folgendes beschränken: Champagner oder Prosecco, Weiß- und Rotwein, Bier Orangensaft und viel Wasser.

Alles sollte reichlich vorhanden sein. Vereinbaren Sie mit Ihrem Weinhändler, daß Sie nicht angebrochene Flaschen zurückgeben können. Bier gibt es schon in 5-Liter-Fässern. Haben Sie auch davon ein paar in Reserve.

Wieviel Hilfe brauchen Sie?

Bis zu 20 Personen können Sie, wenn alles gut organisiert ist, allein bewältigen. Verteilen Sie die Platten mit dem Essen und den Servietten in Ihrer Wohnung. Richten Sie auf einem Tisch eine kleine Bar ein, wo die Getränke und ausreichend Gläser stehen, damit sich jeder selbst bedienen kann.

Sie werden reichlich beschäftigt sein, Aschenbecher auszuleeren und achtlos beiseite gestellte Gläser abzuräumen und unter Umständen auch noch abzuspülen. Und schließlich wollen Sie ja auch noch etwas von Ihrer Party haben!

Aber schon wenn Sie 25 Gäste haben, brauchen Sie unbedingt Hilfe. Ich rechne für 20 Gäste eine, bei 100 Gästen also fünf Bedienungen. Es gilt Mäntel abzunehmen (denken Sie an einen

Tip:

Wenn Sie kein geschultes Personal bekommen oder es Ihnen zu teuer ist, bitten Sie Ihre Kinder oder die Kinder von Freunden um Hilfe. Für Geld tun sie es sicher gern. Welcher Halbwüchsige kommt schon mit seinem Taschengeld aus! Sie müssen Ihnen nur ausdrücklich sagen, was sie zu tun haben und was ihre spezielle Aufgabe ist. Sonst herrscht Chaos!
Es ist hübsch, wenn Ihre Hilfen einheitlich gekleidet sind, etwa schwarze Hose, schwarzes T-Shirt und um die Hüfte ein großes weißes Tuch. Das Tuch können Sie bereitstellen, T-Shirt und Hose hat jeder.

Kleiderständer und ausreichend Bügel, je nach Jahreszeit und Wetter), Getränke und Kanapees herumzureichen, Gläser wegzuräumen und abzuwaschen. Das können Sie unmöglich alles allein schaffen. Sie geraten nur in Panik und haben von Ihrer eigenen Party gar nichts.

Leihen Sie sich entweder von Freunden oder in einem Geschirrverleih mehrere große Tabletts und dekorieren Sie die Happen darauf.

Natürlich können Sie sie erst am Tag der Party zubereiten, sonst sind sie vertrocknet und sehen unansehnlich aus.

Haben Sie folgende Checkliste bereit und gehen Sie diese am Vormittag des Cocktails noch einmal durch:

Sind:

• *genügend Hilfen vorhanden?*
• *genug Gläser, Tabletts, Servietten und Flaschenöffner*
• *im Haus?*
• *Toiletten sauber, ausreichend Toilettenpapier und Papierhandtücher in der Toilette?*
• *Getränke kalt gestellt?*
• *Kleiderständer und -bügel besorgt?*
• *überflüssige Möbel weggeräumt?*

Wenn Sie dann die Platten mit den Häppchen vorbereitet haben (vielleicht hilft Ihnen ja eine Freundin), ruhen Sie sich eine Stunde aus, ziehen Ihr »kleines Schwarzes« an und freuen sich auf einen schönen Abend.

Halten Sie sich die erste Stunde der Cocktailparty in der Nähe des Einganges auf, um die Gäste zu begrüßen. Am Anfang können Sie auch noch Leute, die sich nicht kennen, miteinander bekannt machen. Später müssen Ihre Gäste dann schon ein wenig Eigeninitiative entwickeln.

$\mathscr{K}$ANAPEES

ZUTATEN für 300-400
Kanapees:
50-100 aus Toastbrot
50-100 aus Vollkornbrot
50 aus Pfisterbrot
50 aus runden Pumpernickel
(gibt es fertig zu kaufen)
50 aus Stangenweißbrot
50 aus gesalzenen Crackers

Es gibt unendlich viele Kanapee-Variationen, und Ihrer Phantasie sind keine Grenzen gesetzt. Ich mache Ihnen ein paar Vorschläge, die Sie natürlich beliebig verändern oder durch anderes ersetzen können.

Belag: Räucherlachs, Hackepeter, Obatzter (Rezepte Seite 45), Griebenschmalz (auf das Pfisterbrot, lecker! Rezept Seite 148), hartgekochte Eier in Scheiben geschnitten mit etwas Kaviar, Trüffelleberwurst, jede Art von Pastete, auf die Crackers angemachten Quark (Rezept Seite 50).

So stechen Sie Kanapees aus:

Man nimmt dazu ein Schnapsglas oder eine runde oder eckige Plätzchenform, der Durchmesser sollte nicht größer als 4 cm sein, und sticht aus nicht zu dick geschnittenen Brotscheiben runde oder eckige Formen aus. Sie werden erst mit Butter bestrichen und dann mit verschiedenen Sachen belegt. Sie können auch eckige Toast- oder Vollkornbrotscheiben nehmen, den Rand abschneiden, den Toast vierteln und das Vollkornbrot je nach Größe in 4 oder 6 kleine Teile schneiden. Auch ein schlankes Stangenweißbrot, in nicht zu dicke Scheiben geschnitten, können Sie hernehmen. Nur achten Sie auf die Größe, es muß mit einem Bissen verzehrt werden können, ohne in den Mundwinkeln hängenzubleiben.

DIE GROSSE PARTY

WARUM NICHT EIN COCKTAIL PROLONGÉ?

Cocktail prolongé klingt wahnsinnig chic, ist aber eigentlich nichts anderes als das, was wir früher eine Party genannt haben.

Als ich vor einigen Jahren, es ist noch gar nicht so lange her, das erste Mal schriftlich zu einem Cocktail prolongé eingeladen wurde, hatte ich nur »Cocktail« gelesen und für 20.30 Uhr eine weitere Einladung zum Abendessen angenommen. Zum Entsetzen meiner Gastgeberin, die gerade, als ich mich von ihr verabschiedete, das Buffet eröffnen wollte.

Ein Cocktail prolongé ist, wie der Name schon sagt, ein verlängerter Cocktail mit warmem Essen.

Er beginnt um 19 Uhr und sollte der sogenannten Etikette nach um 23 Uhr zu Ende sein. (Sie können aber getrost auch etwas länger bleiben.)

Wen, wie viele und wie man einlädt, habe ich schon bei der Cocktailparty beschrieben. Wenn Sie auf Ihrer Liste den einen oder anderen haben, der vielleicht nicht wissen könnte, was ein Cocktail prolongé ist, sollten Sie die schriftliche Einladung telefonisch vorankündigen.

Es wäre natürlich nicht sehr geschickt zu sagen: »Sie wissen sicher nicht, was ein Cocktail prolongé ist …«

Sagen Sie: »Wir würden Sie gern zu einem Cocktail mit anschließendem Buffet einladen und uns sehr freuen, wenn Sie an diesem Abend Zeit hätten. Die schriftliche Einladung kommt noch.« Oder so ähnlich …

BIETEN SIE KIR ROYAL ODER ORANGENSAFT MIT SEKT AN

Bei den telefonischen Zusagen weisen Sie noch einmal darauf hin, daß es nach dem Cocktail ein Buffet gibt, damit die Gäste, die vielleicht nur auf einen Drink kommen wollen, Ihnen das ausdrücklich sagen. Schließlich wollen Sie ungefähr wissen, wieviel Sie zum Essen vorbereiten oder bestellen müssen.

Ich weiß genau, welcher Gedanke Sie jetzt plagt und Sie überlegen läßt, ob Sie nicht wieder 20 Gäste von Ihrer Liste streichen müssen. Wie sollen denn diese vielen Menschen essen, ohne daß Sie für jeden einen Sitzplatz haben?!

Ich kenne das, weil ich genau diese Bedenken bei meinen ersten größeren Einladungen auch hatte.

Glauben Sie mir, es muß nicht jeder sitzen. Im Gegenteil, es ist lähmend, wenn alle sich irgendwann niederlassen und sich nicht mehr bewegen, außer um den Teller noch einmal aufzufüllen. Wer von Ihren Gästen sitzen möchte, findet schon eine Sitzgelegenheit. Einige sitzen um den Couchtisch, andere auf der Treppe.

Stellen Sie zusätzlich ein paar Bistro-Tische auf, eventuell mit Barhockern. Dort werden sich Grüppchen bilden, die sich immer wieder auflösen, wenn einer zum Buffet geht, weil dann der nächste, der gerade einen freien Platz sucht, seinen Teller und sein Glas dort abstellen wird. Es muß sich etwas bewegen, das ist der Reiz einer solchen Party.

Zu den Drinks machen sie Kanapees wie im vorigen Kapitel beschrieben, im Anschluß daran erwartet die Gäste ein warmes Buffet. Die Rezepte dafür finden Sie im folgenden Kapitel.

PARTY MIT TANZ

*H*aben Sie Lust, mal wieder richtig zu feiern? Einen runden Geburtstag, das bestandene Examen oder einfach nur aus Spaß an der Freud'? Dann geben Sie eine Party mit Tanz …

Wenn Ihr Haus oder Ihre Wohnung groß genug ist, um für alle Gäste Tische zu decken, ist das sehr schön, aber auch sehr anspruchsvoll und aufwendig. Zum Beispiel brauchen Sie eine Tischordnung, die meistens am letzten Tag durch kurzfristige Absagen wieder durcheinandergebracht wird. Die Anzahl der weiblichen und männlichen Gäste müßte sich ungefähr die Waage halten, denn was machen Sie, wenn Sie plötzlich fünf Frauen zuviel haben?

Es ist auch nicht besonders gut für die Stimmung, wenn die Tische auf verschiedene Räume verteilt sind. Einige Ihrer Gäste werden sich immer schlecht plaziert finden.

Diese Probleme entfallen, wenn Sie es machen wie beim Cocktail prolongé. Stellen Sie möglichst viele Bistrotische mit Barhockern auf und richten Sie eine Bar ein.

Was Sie brauchen, ist ein Platz, wo getanzt werden kann. Es reichen dafür 10 bis 20 qm, und zwar dort, wo sich die Party abspielt. Es ist sinnlos, am hinteren Ende der Wohnung Musik zu machen und zu erwarten, daß dort einer tanzt. Die Musik muß alle animieren, sich in das Getümmel zu stürzen.

Die Musik

Die einfachste Lösung ist ein guter Diskjockey, DJ genannt. Er bringt seine Anlage und die Musik mit, die Sie gern haben (diese sollten Sie aber unbedingt vorher mit ihm besprechen). Vor allem, wenn Sie eine Gartenparty planen und es regnet (!), können Sie einen DJ immer in Ihrer Wohnung oder Ihrem Haus unterbringen. Unsere Freunde Peter und Florinda richten in so einem Fall in Ihrer Wohnküche die Disco ein, wo immer eine Bombenstimmung herrscht.

Als wir vor vielen Jahren unsere Housewarming-Party machten, hatten wir Richard Rigan mit seiner fetzigen Rock 'n' Roll-Band engagiert. Wir hatten 150 Gäste zum Brunch eingeladen. Das Ganze sollte im Garten stattfinden, da das Haus für so viele Menschen und eine Band nun wirklich zu klein ist.

Mit Richard Rigan hatte ich ausgemacht, am Morgen der Party zu telefonieren, da sie bei Regen nicht spielen könnten.

Und um 9 Uhr rief er mich an, um mir zu sagen, daß es in München regnete. Bei uns in Starnberg regnete es ebenfalls, also beschlossen wir, um 10 Uhr die Lage noch einmal zu besprechen. Ich war ein Nervenbündel! Um 10 Uhr hatte es zwar aufgehört zu regnen, aber vielversprechend sah der Himmel nicht aus. »Kommen Sie trotzdem, irgendwie muß es gehen«, sagte ich. Als die Band eine Stunde später eintraf, riß der Himmel auf, und die Sonne strahlte den ganzen Tag über. Nun konnte eigentlich nichts mehr schiefgehen. Dachte ich!

Die Gäste kamen, die Rigans machten eine Supermusik, und die Stimmung war toll. Die ersten Beschwerden kamen nach 30 Minuten. Nicht von den Nachbarn, die waren eingeladen. Vom 1 1/2 km entfernten Tennisclub rief jemand an, die

Spieler könnten wegen des Lärms die Bälle nicht mehr treffen.
Wir dachten, die spinnen. Kurz darauf stand die Funkstreife
am Gartentor, das erste von ungefähr zehn Malen. Es hagelte
Beschwerden aus dem ganzen Landkreis bis aus dem 15
Kilometer entfernten Wolfratshausen. Die Lautsprecher wur-
den gedrosselt, aber immer wieder klingelte die Polizei.

Unsere Freundin und Nachbarin Heidi Brühl war den ganzen
Nachmittag beschäftigt, mit den Polizisten zu flirten, damit
wir weiter Musik machen konnten. Am Spätnachmittag waren
42 (!) Anzeigen bei der Polizei eingegangen, und wir wurden
wenige Tage später zu 1000 Mark Geldstrafe wegen ruhe-
störenden Lärms verurteilt. Wir hatten nämlich aus
Unwissenheit keine Genehmigung beantragt. Aber die Party
war es wert! Sollten Sie also ebenfalls eine Lifeband engagieren
und diese auch noch im Garten spielen lassen, holen Sie bei der
Gemeinde eine Genehmigung ein. Das hindert böse Nachbarn
zwar nicht daran, sich zu beschweren, aber die Geldstrafe fällt
mit Sicherheit weg.

Wie laden Sie ein?

Wieder können Sie telefonisch oder auch schriftlich einladen.
Schriftlich ist einfach ein bißchen eleganter und weniger müh-
sam, als tagelang zu telefonieren. Sie können auf die Einladung
»Party mit Tanz« oder »Buffet-Party mit Tanz« schreiben.
Beginn ist normalerweise 20 Uhr. Jeder Eingeladene weiß, daß
ein Fest mit Tanz eine lange Nacht wird und wird daher hof-
fentlich das Auto zu Hause lassen.
Vergessen Sie nicht U. A. w. g. bis ...

Was bieten Sie an?

Für die Zeit, in der die Gäste nach und nach eintreffen, das Buffet noch nicht eröffnet ist und die ersten Drinks eingenommen werden, sollten Sie überall auf den verfügbaren Tischen Käsegebäck, Crackers und Crudité (rohes Gemüse) mit Quarkdip (Rezept auf Seite 50) verteilen.

Für das Buffet brauchen Sie mehrere Vor- und Hauptspeisen, Käse und Desserts. Und nach Mitternacht eine Suppe. Man wundert sich, wieviel an so einem Abend gegessen wird. Getränke wie beim Cocktail prolongé.

Wieviel Hilfe brauchen Sie?

Bis auf die Musik und das etwas größere Buffet unterscheidet sich diese Party nicht sehr von dem Cocktail prolongé. Die Vorbereitungen, das Organisieren von Personal und Geschirr, Prüfen der Checkliste usw. sind mehr oder weniger gleich.

Das Buffet sollte nicht vor 21 Uhr und nicht später als 22 Uhr eröffnet werden.

Während sich die Gäste dort selbst bedienen, können Ihre Hilfen volle Aschenbecher, den Rest der Crackers und Crudites abräumen und überall offene Weinflaschen verteilen. Später müssen leer gegessene Teller und herumstehende Gläser abgeräumt und gleich gespült werden. Eine Hilfe muß immer ein Auge auf das Buffet haben. Leere Platten und Schüsseln sollten sofort durch volle ersetzt werden.

Warme Gerichte wie Nudeln und Kartoffeln müssen in der Küche in Abständen von etwa 20 Minuten frisch gekocht werden, damit sie immer warm auf den Tisch kommen.

Tip:

Nicht jeder ißt von jedem Gericht, bereiten Sie also nicht zuviel vor. Wenn ein Gericht besonders gut ankommt und dann vom Buffet verschwindet, wird der Gast sich etwas anderes nehmen.

Während des Essens können DJ oder Lifeband schon Musik machen, sollten aber noch nicht zum Tanzen animieren.

Spätestens um 23 Uhr geben Sie dem DJ ein Zeichen, dann muß eine Musik kommen, die auch den größten Tanzmuffel zum Tanzen verführt.

Ich garantiere Ihnen, es wird eine lange Nacht.

Laden Sie zu einer großen Party nicht schon ab 17 oder 18 Uhr ein, wenn die eigentlichen Höhepunkte erst am Abend stattfinden. Die Gäste, die pünktlich kommen, werden müde sein. Und erstaunt feststellen, daß »partyerfahrene« Leute erst gegen Abend eintreffen.

Wenn Sie aber schon so früh einladen wollen, muß ständig für Unterhaltung und Bewirtung gesorgt werden.

Ein Zauberer zum Beispiel, der von Gruppe zu Gruppe geht, oder eine Handleserin können hervorragend für gute Stimmung sorgen.

Haben Sie für die Pünktlichen ein Kuchenbuffet mit Kaffee und Prosecco bereit, ab 19 Uhr Kanapees und diverse alkoholische Getränke.

Grundsätzlich aber kann ich nur raten, erst ab 19 Uhr einzuladen, wenn der Abend ein Erfolg werden soll.

Tip:

Versuchen Sie soviel wie möglich an den Tagen vor Ihrer Party zu erledigen. Je mehr Zeit Sie an dem Tag des Festes für sich haben, um so entspannter können Sie sich auf den Abend freuen und ihn genießen.

Legen Sie ein solches Fest auf das Wochenende, damit Gäste, die während der Woche arbeiten müssen, nicht zu früh gehen.

*Paprika mit
Schafskäse
gefüllt Rezept
S. 107*

FÜR DAS BUFFET

Für ein Buffet mit 50 Personen brauchen Sie ungefähr vier Vorspeisen, vier Hauptgerichte, zwei Desserts und eine Käseplatte. Wenn es eine große Party ist, ist auch eine Mitternachtssuppe angebracht (Rezept Seite. 112). Von jedem Gericht empfiehlt es sich, etwa 20 Portionen zu machen, dann haben Sie reichlich zu essen. Die folgenden Rezepte sind für 20 Personen und nur beispielhaft. Sie können durch entsprechende andere Rezepte im Buch ergänzt werden .

FRÜHLINGSROLLEN MIT CHILISAUCE

ZUTATEN:
50 Tiefkühl-Frühlingsrollen
Außerdem
reichlich Fett zum Fritieren
Chilisauce (Fertigprodukt)

Das Fett in einem weiten Topf erhitzen, bis an einem hineingehaltenen Holzkochlöffelstiel Bläschen nach oben steigen. Die Frühlingsrollen nach und nach im Fett fritieren, dann auf Küchenpapier abtropfen lassen. Mit der Chilisauce servieren.

SHRIMPSSALAT MIT FENCHEL UND AVOCADO

ZUTATEN:
1 1/2 kg Shrimps
Saft von 2 Zitronen
3 Fenchelknollen
2 EL Essig, 4 EL Öl
Salz, Pfeffer
2 reife Avocados
2 Bund Petersilie
500 g Crème fraîche
600 g Joghurt

Die Shrimps in einer Schüssel mit dem Zitronensaft beträufeln und im Kühlschrank 2-3 Stunden durchziehen lassen.
Die Fenchelknollen waschen, putzen, in feine Streifen schneiden und in eine Schüssel geben. Den Essig mit dem Öl, etwas Salz sowie Pfeffer verrühren und über die Fenchelstreifen

gießen. Den Fenchel ebenfalls zugedeckt 2-3 Stunden im Kühlschrank durchziehen lassen.

Die Avocados halbieren, von dem Stein befreien und schälen. Dann in kleine Würfel schneiden und in einer großen Servierschüssel mit den Fenchelstreifen sowie den Shrimps vermengen. Die Petersilie waschen und trockenschütteln. Die Blättchen von den Stielen zupfen und fein hacken. Die Crème fraîche mit dem Joghurt, der Petersilie und etwas Salz sowie Pfeffer verrühren. Die Sauce über den Salat verteilen.

PAPRIKA MIT SCHAFSKÄSE GEFÜLLT

Die Paprikaschoten halbieren, von Samensträngen sowie Scheidewänden befreien und waschen. Die Hälften in etwa 3 cm breite Streifen schneiden. Den Schafskäse in etwa 2 cm große Würfel schneiden. Den Knoblauch schälen und durch die Presse drücken. Den Backofen auf 120 °C vorheizen.

Die Paprikastreifen mit Salz, Pfeffer, Knoblauch und Kräutern der Provence bestreuen. Je einen Würfel Käse auf jeden Paprikastreifen legen. Diesen zusammenklappen und mit einem Zahnstocher feststecken. Die gefüllten Paprikastreifen auf ein Backblech legen und im Ofen (Gas Stufe 1; Umluft 100 °C) 30 Minuten backen.

ZUTATEN:
10 Paprikaschoten
(grün, gelb, rot)
1 kg Schafskäse
5 Knoblauchzehen
Salz, schwarzer Pfeffer
Kräuter der Provence
Außerdem
Zahnstocher

PEPERONATA

ZUTATEN:
3 kg Paprikaschoten
(grün, rot, gelb)
1 kg Zwiebeln
1 Knolle Knoblauch
2 Dosen geschälte Tomaten
(à 850 g)
5 EL Olivenöl
3 EL gekörnte Brühe
3 getrocknete, zerbröselte
Chilischoten
Salz, Pfeffer

Die Paprikaschoten waschen, halbieren, von Samensträngen und Scheidewänden befreien. Die Hälften in 2 cm breite Streifen schneiden. Zwiebeln schälen und in dünne Ringe schneiden. Den Knoblauch schälen und fein hacken. Die Tomaten über einer Schüssel in ein Sieb abgießen, den Saft beiseite stellen. Das Olivenöl in einer großen Pfanne erhitzen. Die Zwiebelringe sowie den Knoblauch darin glasig werden lassen. Die Paprikastreifen sowie die Tomaten dazugeben und etwa 20 Minuten zugedeckt bei mittlerer Hitze dünsten. Die gekörnte Brühe und die Chilischoten dazugeben. Bei Bedarf etwas von der Tomatenflüssigkeit zugießen. Es soll jedoch nicht zuviel Sauce entstehen.

Das Gericht mit Salz und Pfeffer abschmecken.

SPARGELSALAT MIT VINAIGRETTE

Den Spargel mit einem Sparschäler schälen. In einem großen Topf reichlich Salzwasser mit 1 Eßlöffel Zucker, 1 Teelöffel Öl und dem Saft von 2 Zitronen verrühren. Den Spargel darin in etwa 15 Minuten gar kochen. Aus dem Wasser heben, abkühlen lassen und in 3 cm lange Stücke schneiden. Das Kochwasser zur Seite stellen.

Den Essig mit dem restlichen Zitronensaft, dem restlichen Zucker und dem Senf in einer Schüssel mit einem Schneebesen verrühren. Das restliche Öl nach und nach in dünnem Strahl dazugießen und alles cremig rühren. Die Sauce nach Belieben mit etwas Spargelkochwasser verdünnen.

Die Kräuter waschen, trockenschütteln und ohne grobe Stiele fein hacken. Die Tomaten waschen, trockenreiben und ohne Stielansatz sehr fein hacken. Die Schalotten sowie die Eier schälen und sehr fein hacken. Kräuter, Tomaten, Schalotten und Eier unter die Vinaigrette heben. Mit Salz und Pfeffer abschmecken. Die Sauce über den Spargel gießen und diesen zugedeckt mindestens 3 Stunden durchziehen lassen.

ZUTATEN:
6 kg Spargel (ersatzweise
5 kg Spargel aus der Dose)
3 EL Zucker
300 ml Öl
Saft von 5 Zitronen
150 ml Weinessig
2 EL mittelscharfer Senf
4 Bund Petersilie
3 Bund Dill
7 Tomaten
7 Schalotten
8 hartgekochte Eier
Salz, Pfeffer

VITELLO TONNATO

ZUTATEN:
2 1/2 kg Kalbsnuß
5 Bund Suppengrün
4 Lorbeerblätter
10 schwarze Pfefferkörner
3 Zwiebeln
Salz
5 Eier, 5 Eigelb
2 Gläser Kapern (à 100 g)
5 Dosen Thunfisch (à 150 g)
10 Sardellenfilets
Saft von 3 Zitronen
etwa 200 ml Olivenöl
schwarzer Pfeffer

Einen Topf von 10 Liter Fassungsvermögen etwa zur Hälfte mit Wasser füllen. Das Suppengrün waschen und zusammen mit den Lorbeerblättern, den Pfefferkörnern, den ungeschälten Zwiebeln und 2 Eßlöffel Salz hineingeben. Zum Kochen bringen und zugedeckt bei schwacher Hitze etwa 10 Minuten kochen lassen. Das Fleisch dazugeben und zugedeckt etwa 2 1/2 Stunden kochen und in der Brühe abkühlen lassen.

Die Eier zusammen mit den Eigelben, der Hälfte der Kapern, dem Thunfisch, den Sardellenfilets, dem Zitronensaft, etwas Salz und der Hälfte des Olivenöls in eine Schüssel geben und mit dem Stabmixer pürieren. Dabei eßlöffelweise das restliche Olivenöl dazugeben, bis eine cremige Sauce entstanden ist. Sollte die Sauce zu dickflüssig sein, etwas von der Fleischbrühe untermixen. Mit Salz und Pfeffer abschmecken.

Das kalte Fleisch aus der Brühe nehmen und mit der Brotmaschine oder einem sehr scharfen Messer in dünne Scheiben schneiden. Auf einer großen Platte anrichten und mit Sauce überziehen. Alles mit den restlichen Kapern bestreuen.

ZITRONENCREME

Die Gelatine 10 Minuten in kaltem Wasser einweichen. Inzwischen die Eier trennen. Die Eigelbe zusammen mit dem Zucker in eine Schüssel geben und mit den Schneebesen des Handrührgerätes dick-schaumig rühren. Den Zitronensaft unterrühren. Die Gelatine ausdrücken und in wenig heißem Wasser auflösen und unter den Eierschaum rühren. Die Creme in den Kühlschrank stellen.

Die Eiweiße mit dem Salz steifschlagen. Wenn die Creme zu gelieren beginnt, den Eischnee unterziehen. Die Creme in eine große Servierschüssel füllen. Die Zitronen heiß waschen, trockenreiben und in dünne Scheiben schneiden. Die Zitronencreme mit den Scheiben garnieren und mehrere Stunden in den Kühlschrank stellen, bis sie fest geworden ist.

ZUTATEN:
20 Blatt Gelatine
20 Eier
400 g Zucker
500 ml frisch gepreßter
Zitronensaft
1 Prise Salz
3 unbehandelte Zitronen

SCHARFE HÜHNERSUPPE

ZUTATEN:
3 Suppenhühner
3 Zwiebeln
8 Bund Suppengrün
5 Paprikaschoten
5 Tomaten
2-3 getrocknete Chilischoten
Salz

Die Suppenhühner mit je 1 ungeschälten Zwiebel in drei großen Töpfen knapp mit Salzwasser bedecken. Zum Kochen bringen und zugedeckt etwa 45 Minuten bei schwacher bis mittlerer Hitze kochen lassen. Herausnehmen und abkühlen lassen. Die Hühner enthäuten. Das Fleisch von den Knochen lösen, in Stücke schneiden und beiseite stellen.

Zwiebeln aus der Brühe nehmen. Die Brühe abkühlen lassen, die Fettschicht abschöpfen. Die Brühe aller Suppenhühner zusammen in einen großen Topf geben.

Das Suppengrün waschen. Paprikaschoten halbieren, von Samensträngen sowie Stielansätzen befreien und fein würfeln. Tomaten blanchieren, enthäuten, von den Stielansätzen befreien und ebenfalls fein würfeln. Suppengrün, Paprikaschoten und Tomaten in die Brühe geben und zugedeckt etwa 30 Minuten bei schwacher Hitze köcheln lassen. Chilischoten zerbröseln und dazugeben. Mit Salz abschmecken. Das Fleisch in die Brühe geben.

KÄSEPLATTE

ZUTATEN:
4-5 verschiedene Käsesorten
(à 500 g)
Butter
Stangenweißbrot

Die Käsesorten zusammen mit einem Käsemesser auf einem Brett anrichten. Die Butter zusammen mit einem Messer auf einen Teller geben. Das Weißbrot in Scheiben schneiden und in einen Brotkorb legen.

BRUNCH

*I*mmer beliebter wird die Einladung zum »Brunch«. Das Wort stammt aus dem Englischen: Wenn man Breakfast und Lunch zusammenzieht, ergibt es *Brunch*. Woraus auch der Unerfahrenste gleich schließen kann, daß es sich um eine Vormittagseinladung handelt. Am besten eignet sich dafür das Wochenende oder ein Feiertag. Wenn Sie einen Garten haben, und ist er noch so klein, bietet sich dafür ein Sommertag an. Aber Ihre Freunde kommen sicher auch gern im Winter, an einem nieseligen Novembersonntag, wenn man am liebsten gar nicht aus dem Bett raus will.

Wer zum Brunch eingeladen ist, kann ausschlafen und braucht für diesen Tag nichts Eßbares einzukaufen, da Frühstück und Mittagessen ja zusammenfallen. Und meistens ist das Buffet so reichhaltig, daß man abends noch satt ist.

Wen und wie viele Gäste wollen Sie einladen?

Wie bei dem Cocktail prolongé richtet sich die Anzahl der Gäste nach den Gegebenheiten Ihrer Wohnung oder Ihres Hauses. Noch einmal, haben Sie keine Angst, daß es zu voll wird. Auch zum Brunch kommen nicht alle pünktlich und einige gar nicht. Laden Sie all jene ein, denen Sie verpflichtet sind oder die Sie gern bei sich sehen wollen. Auch wenn Sie meinen, der eine oder andere paßt vielleicht nicht, ist es leichter, einen schwierigen Menschen in eine größere Gesellschaft zu integrieren als bei einem gesetzten Essen mit acht oder zehn Personen. Haben Sie gemeinsame Freunde, die untereinander zerstritten sind, nehmen Sie darauf keine Rücksicht. Wenn Ihre Freundin Ingrid sagt: »Wenn die blöde Karin kommt, dann komme ich nicht«, muß Ingrid eben zu Hause bleiben.

Wie laden Sie ein?

Ist in den vorigen Kapiteln ausreichend beschrieben. Wollen Sie jemanden einladen, den Sie nicht so gut kennen und der vielleicht ein bißchen steif ist, schreiben Sie »leger« oder »casual« auf die Einladung. Jeder Mann weiß dann, daß er die Krawatte im Schrank lassen kann, und auch die Damen wissen, daß sie sich nicht zu sehr aufmascheln sollten.

Zum Brunch lädt man nicht vor 11 Uhr und spätestens ab 12 Uhr ein. Auch das Ende sollte angezeigt sein, also von 11 bis 15 Uhr oder von 12 bis 16 Uhr. Dann können Sie damit rechnen, daß Ihre Gäste am Spätnachmittag gehen.

Bei unserem ersten Brunch hatten wir nicht nur vergessen, die Genehmigung für die Musik einzuholen, wir hatten auch nicht auf die Einladungen geschrieben von … bis, sondern nur ab 12 Uhr.

Den ganzen Tag war ein reges Kommen und Gehen. Einige gingen und kamen wieder. Gegen 18 Uhr – der »harte Kern« hatte es sich vor dem Kamin gemütlich gemacht und aß die Reste vom Buffet – erschien Fritz Wepper mit einigen Freunden und einem asiatischen Zen-Meister. »Dürfen wir noch reinkommen, oder ist es schon zu spät?« fragte er strahlend. Der Meister begann uns aus der Hand zu lesen, und der Brunch wurde zu einem spannenden Abend. Da war ich dann total fertig. Aber was habe ich daraus gelernt? Von … bis…!!

Was bieten Sie an?

Das Buffet bei einem Brunch sollte bunt und reichhaltig sein. Ich finde es einfacher herzustellen als ein Buffet für den Abend, da nicht so viele warme Gerichte serviert werden. Was ich aber immer mache, sind Buletten oder bayerische Fleischpflanzerl (Rezept Seite 121; Heinz Rühmann ließ am Tag nach einem Brunch seine Frau Herta bei uns anrufen und um das Rezept bitten), Griebenschmalz (Rezept Seite 148), Konfitüre (Rezept Seite 148), Topfsuse (Rezept Seite 150), Kartoffelsalat (Rezept Seite 122), Quarkdip (Rezept Seite 50), Weißer Bohnensalat (Rezept Seite 37) und einen meiner Eintöpfe, deren Rezepte Sie in dem Kapitel »Fangen Sie klein an« finden. Suchen Sie einfach das heraus, was Ihnen gefällt und zur Jahreszeit paßt. Weitere Rezeptvorschläge stehen auf den nächsten Seiten.

Tip:

Für den Brunch können Sie getrost eine große Anzahl der Speisen wie Pasteten, Sülzen oder einige Salate fertig kaufen. Kein Mensch erwartet, daß Sie alles selbst machen.

Wieviel Hilfe brauchen Sie?

Hier gilt das gleiche wie bei dem Cocktail prolongé. Am Tag vor der Party brauchen sie jemanden, der Ihnen bei den Vorbereitungen wie Aufbauen des Buffets, Dekorationen usw. zur Hand geht.

Am Tag des Brunches gilt wieder: pro 20 Personen eine Hilfe. 15 Minuten vor Beginn muß alles fertig sein. Auch Sie! Eine entnervte Hausfrau, die noch nicht angezogen ist, wenn die ersten Gäste klingeln, ist schlicht eine Katastrophe.

Sie müssen den Eindruck erwecken, als hätte das alles keine Mühe gemacht. Jeder erfahrene Gast weiß natürlich, daß das nicht stimmt und wird Sie dafür noch mehr bewundern.

Sie können Ihrer Einladung auch ein Motto geben. Ende November gibt es den Beaujolais Primeur, also laden Sie ein zu »Beaujolais Primeur mit Brunch« oder im Mai zur »Maibowle mit Brunch«.

Sie können, wenn Sie ein Klavier haben, einen befreundeten Pianisten bitten zu spielen oder auch einen engagieren. Oder einen Gitarren-Spieler, der zwischen den Gästen herumlaufen kann. Ich hatte einmal bei einem Brunch zwei Italiener mit Gitarre, die die ganzen Ohrwürmer aus den 60er und 70er Jahren spielten. Es dauerte nicht lange, da sangen seriöse Herren mittleren Alters aus vollem Hals »Volare o ho« mit.

Wie bei jeder großen Party können Sie auch hier nicht alle Gäste miteinander bekannt machen.

Am Anfang geht das noch, aber wenn es zu voll wird, können Sie nur noch darauf achten, daß keiner allein in einer Ecke steht. Um den gilt es sich zu kümmern. Gesellen Sie sich mit ihm zu einer Gruppe, stellen Sie ihn vor, den Rest muß er allein schaffen. Nicht nur die Gastgeber haben Pflichten, auch die Gäste. Sie sollen zur Unterhaltung beitragen, und je unkomplizierter und unterhaltsamer sie sind, um so lieber lädt man sie wieder ein.

Die Party mit Tanz und den 42 Anzeigen und die noch nach acht Stunden hereinströmenden Gäste bei unserem ersten Brunch gut in Erinnerung, beschlossen wir im folgenden Sommer, zu einer Kaffeehausparty am späten Nachmittag einzuladen. Wir engagierten einen Klavierspieler und zwei ungarische Stehgeiger, deren Musik mit Sicherheit nicht bis nach Wolfratshausen schallen würde. Wir hatten kein Klavier, also

Fleischpflanzerl
Rezept S. 121

wurde das von unserer Nachbarin Heidi Brühl herübergeschleppt. Und ich beschloß, die Kuchen selbst zu backen, obwohl ich das überhaupt nicht konnte! Die ersten beiden mißglückten total, der dritte war endlich einigermaßen gelungen, aber als ich ihn stolz meinem Mann zeigen wollte, stieß unser Kindermädchen so ungestüm die Küchentür auf, daß er mir aus der Hand fiel. Inzwischen hatte Heidi, die das Drama mitbekommen hatte, eine Schwarzwälder Kirschtorte für mich gebacken, die von ihren beiden fetten Cockerspaniels aufgefressen wurde, als sie einen Moment die Küche verließ! Ich war total entnervt und mein Mann kurz davor, die Kuchen bei »Käfer« zu bestellen. Das kam ja überhaupt nicht in Frage! Heidi buk eine neue Torte, ich schaffte tatsächlich elf ansehnliche Kuchen, und weitere vier Freundinnen boten an, einen Kuchen mitzubringen. Trotz des Mißgeschicks wurde das Kuchenbuffet ein toller Erfolg. Es gab natürlich noch andere Sachen zu essen, und für Mitternacht hatte ich eine Erbsensuppe gekocht. Was eine Journalistin, die ich nicht eingeladen hatte, obwohl sie mehrmals darum bat, bewog zu schreiben, bei mir gäbe es bei brüllender Hitze Erbsensuppe, und den Kuchen müßten die Gäste auch noch selbst mitbringen, weil ich mir »Käfer« nicht leisten könnte.

Falls Sie einmal eine Kaffeehausparty geben wollen, brauchen Sie neben Kaffee an Getränken Bier, möglichst vom Faß, Wein, Wasser und Säfte.

FÜR DAS BUFFET

Alle Zutaten für etwa 20 Portionen

TATAR ALFONSO

ZUTATEN:
500 g Schalotten
3-4 EL Kapern
4-6 Gewürzgurken
3-4 EL Öl, 4 EL Senf
8 Eigelb
1 EL Worcestersauce
1 Schnapsglas Cognac
etwa 200 g Chilisauce oder
Hot Ketchup
einige Spritzer Tabasco
3-4 EL eingelegte grüne
Pfefferkörner
3 kg Tatar (zweimal
 durchgedrehte Rinderlende)
Salz, schwarzer Pfeffer

Die Schalotten schälen und fein hacken. Die Kapern und die Gewürzgurken ebenfalls fein hacken. Das Öl mit dem Senf und den Eigelben in einer Schüssel mit einem Schneebesen cremig verrühren. Worcestersauce, Cognac, Chilisauce und Tabasco untermischen. Die Kapern, die Gewürzgurken, die Schalotten und die Pfefferkörner daruntermengen. Kalt stellen und 1 Stunde vor dem Servieren das Fleisch unter die Masse mischen. Mit Salz und Pfeffer abschmecken.

ZAZIKI

ZUTATEN:
3 Salatgurken
6-8 Knoblauchzehen
2 kg Sahnequark
750 g Joghurt
Salz, Pfeffer

Die Gurken schälen und längs halbieren. Mit einem Löffel die Kerne herauslösen, dann die Gurken raspeln. Den Knoblauch schälen und fein hacken. Den Quark mit dem Joghurt, den Gurken und dem Knoblauch in einer Schüssel verrühren und mit Salz sowie Pfeffer würzen. Falls die Masse zu fest ist, noch etwas Joghurt oder Milch unterrühren.

FLEISCHPFLANZERL

Die Brötchen in Wasser einweichen. Die Zwiebeln sowie den Knoblauch schälen und fein hacken. Die Brötchen ausdrücken und mit dem Hackfleisch, den Zwiebeln, dem Knoblauch, den Eiern, dem Senf und der Petersilie in einer Schüssel verkneten. Mit Salz und Pfeffer abschmecken. Aus dem Fleischteig mit angefeuchteten Händen 25 Frikadellen formen.

Etwas Öl oder Butterschmalz in einer großen Pfanne erhitzen und die Frikadellen bei mittlerer Hitze gut durchbraten. Das dauert etwa 10 bis 15 Minuten. Auf diese Weise nach und nach alle Frikadellen braten.

TIP: Die Frikadellen sollten Sie erst am Morgen vorbereiten und während des Brunches nach und nach braten. So schmecken sie am besten. Wenn das aus zeitlichen Gründen nicht möglich ist, können Sie sie auch schon am Vortag braten und dann in der Mikrowelle erhitzen. Wenn Sie in den Teig noch 2 Eßlöffel Speiseöl oder etwas Mineralwasser geben, werden die Frikadellen besonders locker.

ZUTATEN
für 25 Stück :
2 altbackene Brötchen
2 mittelgroße Zwiebeln
2 Knoblauchzehen
1 kg gemischtes Hackfleisch
2 Eier
2 TL Senf
2 EL gehackte Petersilie
Salz, Pfeffer
6 EL Öl oder
Butterschmalz zum Braten

Kartoffelsalat

ZUTATEN :
2 kg festkochende Kartoffeln
250 ml heiße Brühe
2 Zwiebeln
5 kleine Gewürzgurken
3 Tomaten
1 kleines Glas Mayonnaise
(250 ml)
Salz, grobgemahlener
schwarzer Pfeffer

Die Kartoffeln waschen und in 20-30 Minuten garen. Abgießen, pellen und in etwa 1/2 cm dicke Scheiben schneiden. Die Brühe über die Kartoffelscheiben gießen und etwa 20 Minuten durchziehen lassen. Die Zwiebeln schälen und fein hacken. Die Gurken ebenso fein hacken. Die Tomaten waschen und ohne Stielansätze in kleine Würfel schneiden.
Die Mayonnaise unter die Kartoffeln heben. Salzen und pfeffern. Zwiebeln, Gurken und Tomaten unter die Kartoffeln mischen. Nochmals etwa 30 Minuten durchziehen lassen.

Heringssalat

ZUTATEN:
15-20 Matjesfilets
2 große säuerliche Äpfel
2 große Zwiebeln
2 große gekochte rote Beten
3-4 Gewürzgurken
1 kleines Glas Mayonnaise
(250 ml)
300 g Joghurt
150 g Crème fraîche
1 EL Senf
1 EL Zucker
schwarzer Pfeffer
Salz

Matjesfilets in etwa 1 cm große Stücke schneiden. Die Äpfel schälen, von den Kerngehäusen befreien und in 1 cm große Würfel schneiden. Zwiebeln schälen und fein würfeln. Die roten Beten und die Gewürzgurken ebenfalls fein würfeln.
Mayonnaise, Joghurt, Crème fraîche, Senf und Zucker in einer Schüssel verrühren. Mit Pfeffer würzen. Die Matjesstücke, die Äpfel, die Zwiebeln, die roten Beten sowie die Gewürzgurken unter die Sauce mischen. Mindestens 5 Stunden zugedeckt im Kühlschrank ziehen lassen, dann mit Salz abschmecken.

TIP: Ist der Matjes zu salzig, legen Sie ihn vor der Verwendung etwa 1 Stunde in schwarzen Tee.

SOLEIER

10-15 Eier in einem großen Topf mit Wasser in etwa
10 Minuten hartkochen. Gut abschrecken und die Schale leicht
anschlagen, jedoch nicht pellen.
In einem großen Topf Salzwasser kurz aufkochen lassen. Das
Salzwasser abkühlen lassen und in ein großes Glas füllen. Die
Eier in das Salzwasser legen und gut durchziehen lassen.

*TIP: Die Soleier möglichst am Vortag der Party zubereiten, damit sie
gut durchziehen.*

APFELKUCHEN

Die Zutaten für den Teig rasch verkneten und in Folie
gewickelt etwa 30 Minuten kalt stellen. Eine Springform von
26 cm Durchmesser mit Butter ausfetten. Den Teig auf einer
bemehlten Arbeitsfläche etwas größer als die Form ausrollen.
In die Form legen und dabei einen 2 cm hohen Rand bilden.
Den Backofen auf 180 °C vorheizen.
Mehl, Zucker, Butter, Ei, Rum sowie Vanillezucker in einer
Schüssel vermischen und zu Streusel verkneten. Äpfel schälen,
vierteln, vom Kerngehäuse befreien, in 1/2 cm dicke Spalten
schneiden und auf dem Teig verteilen. Mit Zucker und
Vanillezucker bestreuen. Die Streusel darauf verteilen. Den
Kuchen im Ofen (Gas Stufe 1; Umluft 160 °C) etwa 55
Minuten backen.

ZUTATEN:
(Mürbeteig Rezept S.142)
Streusel
200 g Mehl
100 g Zucker
75g kalte Butter
1 Ei
1 EL Rum
1 Tütchen Vanillezucker
Belag
100 g Zucker
1 Tütchen Vanillezucker
1 kg säuerliche Äpfel
Außerdem
Butter für die Form
Mehl zum Ausrollen

EINLADUNG ZU EINEM FAMILIENFEST

....

*B*ei einem Familienfest handelt es sich meistens um Geburtstage, Hochzeiten oder Taufen, was in der Regel mehr oder weniger groß gefeiert wird. Ein solches Fest richtet sich in erster Linie nach dem Budget, das man zur Verfügung hat. Natürlich kann man zu seinem Fünfzigsten die zehn besten Freunde zu einem Segeltörn in die Karibik einladen oder die Hochzeit an einem Wochenende in New York feiern. Aber es geht auch weniger exotisch und viel billiger.

Es kommt darauf an, wieviel Gäste sie einladen, wie groß Sie feiern wollen und was das Ganze kosten darf.

VORMITTAGSEMPFANG

*W*enn Sie nicht sehr viel Geld ausgeben wollen und Sie keine Lust haben, die Verwandtschaft zu lange zu ertragen, geben Sie einen Vormittagsempfang. Der eignet sich für Hochzeiten, Geburtstage und Taufen gleichermaßen.

Er findet meistens von 11 bis 13 Uhr statt, und Sie dürfen davon ausgehen, daß Sie um 14 Uhr die Gäste wieder los sind. Sie können in ein Restaurant oder Hotel einladen, die dafür geeignete Nebenräume haben. Der Bankettchef oder einer seiner Mitarbeiter wird Sie beraten, was serviert werden kann und was es kosten wird. Machen Sie auf jeden Fall einen festen Preis aus und lassen Sie sich das schriftlich bestätigen. Wenn Sie Ihren eigenen Wein oder Champagner anbieten wollen, werden Sie ein sogenanntes »Korkengeld« bezahlen müssen. Selbstverständlich können Sie einen solchen Empfang auch zu Hause geben. Ein guter Catering-Service wird Ihnen geeignete Vorschläge machen und auch das Personal stellen. Lassen Sie sich auch hier das Angebot schriftlich bestätigen. Achten Sie darauf, daß Personal, Dekoration usw. auf dem Angebot stehen, sonst erleben Sie hinterher eine böse Überraschung. Wenn Sie aber alles selbst in die Hand nehmen wollen, wagen Sie es nur. Lesen Sie das Kapitel »Cocktailparty«. Bis auf ein paar Kleinigkeiten besteht der Unterschied nur in der Uhrzeit, zu der Sie einladen. Nicht von 19 bis 21 Uhr, sondern von 11 bis 13 Uhr.

Wen und wie viele Gäste wollen Sie einladen?

Zu einem Familienfest lädt man normalerweise Familienangehörige und enge Freunde ein. Aber natürlich können Sie einladen, wen Sie wollen. Es ist ja schließlich Ihr Fest. Sie müssen nur damit rechnen, daß alle kommen, wenn also Ihr Platz beschränkt ist, laden Sie nicht zu viele ein.

Wie laden Sie ein?

Zu Hochzeiten, Taufe und großen Geburtstagen sollten Sie in jedem Fall schriftlich einladen. Da das Datum ja mit Sicherheit schon lange feststeht, können Sie zwei bis drei Monate vorher eine Karte verschicken, auf der Sie bitten, diesen Termin freizuhalten, und zugleich ankündigen, daß die Einladung mit den Einzelheiten folgt. Diese muß dann etwa vier Wochen vor dem eigentlichen Termin ausgesendet werden. Vergessen Sie nicht U. A. w. g. bis … und vor allem von 11 bis 13 Uhr. Sie wollen doch vermeiden, daß Tante Frieda und Onkel Karl noch zum Abendessen bleiben.

Was bieten Sie an?

Zu einem Vormittagsempfang können Sie, wie bei der Cocktailparty, kleine Häppchen und natürlich auch kleine Pizzen, Frühlingsrollen oder andere warme Kleinigkeiten anbieten. Mehr wird an Essen nicht erwartet. Zum Trinken Champagner oder Prosecco, Wein, Bier, Wasser und Säfte.

Wieviel Hilfe brauchen Sie?

Das richtet sich, wie im Kapitel »Cocktailparty« beschrieben, nach der Anzahl der Gäste. Da nicht zu erwarten ist, daß bis auf ein paar Hartnäckige viele Gäste länger als die auf der Einladung angegebene Zeit bleiben, können Sie Ihre Hilfen, eventuell bis auf eine, die dann noch mit aufräumt, pünktlich entlassen. Bei einem gesetzten Essen brauchen Sie pro Tisch eine Person, die serviert, und je nach Menü ein bis zwei Hilfen in der Küche. Wenn Sie einen sehr großen Tisch haben, rechnen Sie pro zehn Personen eine Bedienung.

Lassen Sie zwischen jedem Gang mindestens zehn Minuten Pause, sonst ist das Essen zu schnell vorbei, außerdem brauchen Ihre Leute in der Küche auch ein bißchen Zeit für die Vorbereitungen. Bei einem Buffet reicht eine Hilfe für zwei Tische (wenn sie nicht zu groß sind), zwei sollten hinter dem Buffet stehen, um beim Auffüllen zu helfen, den Braten zu schneiden usw., und zwei in der Küche, um Kartoffeln, Nudeln oder Reis frisch zu kochen und abzuwaschen.

Denken Sie daran, lieber eine Hilfe zuviel als eine zuwenig, Sie haben dann mehr von Ihrem Fest. Geben Sie Ihrem Personal Anweisung, ständig Wein und Wasser nachzuschenken,

Aschenbecher auszuleeren und abgegessene Teller abzuräumen. Halten Sie sie dazu an, freundlich zu sein. Schließlich machen sie einen Job und werden dafür bezahlt.

MITTAG- ODER ABENDESSEN

Wenn ein Familienfest ansteht, kann man auch zu einem Mittag- oder Abendessen einladen. Bei so einer Gelegenheit, vor allem, wenn auch ältere Gäste erwartet werden, muß es sich um ein »gesetztes Essen« handeln, also jeder Gast muß einen Sitzplatz haben, und es bedarf einer Tischordnung.

Wenn Sie einen so großen Tisch besitzen, daß alle daran Platz haben, ist das ideal. Eine große Tafel bei Familienfesten ist etwas Wunderschönes, und Probleme mit der Tischordnung gibt es auch nicht.

Müssen mehrere Tische aufgestellt werden, ist es ratsam, alle in einem Raum unterzubringen. Sie können dann als Gastgeberin alles überblicken und sofort einschreiten, wenn etwas nicht klappt. Die Tische müssen liebevoll gedeckt und dekoriert werden. Wird ein Geburtstagskind gefeiert, sollte dessen Platz besonders geschmückt werden, zum Beispiel mit einer Blumengirlande oder Blütenblättern, ebenso die Plätze des Brautpaares.

Eine besondere Kunst ist eine gute Tischordnung. Wenn es irgendwie möglich ist, plaziert man immer abwechselnd eine Dame, einen Herrn, eine Dame usw. Wenn Tante Elsbeth und Cousin Franz immer noch spinnefeind sind, ist es angeraten, sie weit voneinander entfernt zu plazieren. Stellen Sie sich vor,

Tip:

Halten Sie den vereinbarten Lohn, eventuell mit einem kleinen Trinkgeld, in einem Kuvert für jede Aushilfe bereit, dann ist die Angelegenheit in ein paar Minuten erledigt, und Sie können sich noch den letzten Gästen widmen.

sie tragen beim Essen laut keifend ihren Erbschaftsstreit aus. Versuchen Sie, an jedem Tisch möglichst eine amüsante Person zu haben. Gesetzte Essen können tödlich langweilig sein, wenn keiner dabei ist, der die Unterhaltung in Schwung hält. Kinder langweilen sich zu Tode, wenn sie stundenlang mit Erwachsenen am Tisch sitzen und sich »anständig benehmen« müssen. Stellen Sie den Kindertisch möglichst weit weg von Tante Olga, die kleine Kinder nicht ausstehen kann. Damit sie herumalbern und ein bißchen Spaß haben können.

Jeder Platz bekommt eine Tischkarte mit Namen, dann können die Gäste sich ihre Plätze selbst suchen (siehe Seite 68). Handelt es sich um eine sehr große Gesellschaft, werden die Tische numeriert oder mit Namen versehen (man kann zum Beispiel Städtenamen nehmen) und am Eingang eine Liste ausgehängt. Dort sucht sich jeder den Tisch, an dem er sitzt. Es ist leichter, den Tisch 1 oder den Tisch »Paris« zu finden, als auf allen Tischen die Platzkarten zu lesen.

*Z*u einem Mittagessen wird normalerweise um 12.30 oder 13 Uhr, zu einem Abendessen um 19.30 oder 20 Uhr eingeladen. Es ist üblich, vorher einen Drink zu servieren, da ja nicht alle Gäste auf einmal erscheinen. Es ist auch nett, bei der Gelegenheit alle zu begrüßen und ein bißchen zu plaudern. Wenn man erst einmal bei Tisch sitzt, hat man dazu keine Gelegenheit mehr.

Zu einem gesetzten Essen mehr als 30 Minuten zu spät zu kommen ist ausgesprochen unhöflich, ja geradezu ungezogen und nur mit einem triftigen Grund zu entschuldigen.

Tip:

Als Gast zu spät zu kommen, ist kaum entschuldbar, aber als Gastgeber zu spät zur eigenen Party zu erscheinen, ist schlicht "unmöglich"

Es ist für die Gastgeberin ungeheuer stressig, da sie natürlich erst zu Tisch bitten will, wenn alle Gäste da sind.

Bei einer Hochzeit, Taufe oder Geburtstag ist es üblich, daß einer eine Rede hält. Wenn dieses Angebot von jemandem kommt, von dem Sie noch nie eine Rede gehört haben, bitten Sie darum, diese vorher lesen zu dürfen. Sie können sich unter Umständen einige Peinlichkeiten ersparen.

Eine solche Rede darf nicht länger als 15 Minuten dauern, sonst fällt Opa in den Tiefschlaf, und die Kinder werfen mit Brotkügelchen.

Nach dem Essen wird der Kaffee gereicht und hierfür die »Tafel aufgehoben«. Das gibt allen noch einmal die Möglichkeit, mit denen zu reden, die sie vor dem Essen nicht gesehen haben.

Danach sollten die Gäste gehen.

Bieten Sie nichts mehr zu trinken an. Dann werden auch die Stursten merken, daß das Fest vorbei ist.

Was bieten Sie an?

Wenn das Essen von einem Catering-Service geliefert wird, müssen Sie vorher das Menü besprechen und unbedingt ein Probe-Essen machen.

Bis auf die Tischordnung wird Ihnen dann alles andere abgenommen.

Wenn Sie aber selbst kochen wollen, richtet sich das – was und wie Sie es servieren – nach der Anzahl der Gäste.

Bis zu 20 Personen können Sie problemlos an ein oder zwei Tischen bewältigen.

Sie können folgendes Menü mit drei Gängen leicht vorbereiten und auf den Tellern servieren lassen.

MENÜ

Alle Rezepte für 20 Personen

THUNFISCH-CARPACCIO MIT ZITRONEN-PFEFFER-SAUCE

ZUTATEN :
250 g Mohn
Salz, 3-4 EL grob zerstoßenen
schwarzen Pfeffer
1 1/2 kg rohen Thunfisch,
filetiert und enthäutet
Außerdem
Alufolie

Den Mohn mit Salz und dem Pfeffer auf einem Teller vermischen. Den Thunfisch darin wenden, bis er rundum mit der Mischung umhüllt ist. Den Fisch fest in Alufolie einwickeln, in das Tiefkühlfach des Kühlschrankes legen und darin gefrieren lassen.

Den Fisch etwa 1 1/2 Stunden vor dem Servieren aus dem Tiefkühlfach nehmen und antauen lassen. Noch angefroren mit der Brotmaschine oder einem sehr scharfen Messer in hauchdünne Scheiben schneiden und auf Tellern anrichten.

ZITRONEN-PFEFFER-SAUCE

ZUTATEN:
6 Eigelb
Saft von 1/2 Zitrone
1/2 l Weißwein
Salz, grobgemahlener
schwarzer Pfeffer
1/2 l Olivenöl

Die Eigelbe mit dem Zitronensaft und dem Weißwein in einer Schüssel verrühren. Mit Salz und Pfeffer abschmecken. Mit einem Schneebesen nach und nach unter kräftigem Schlagen das Öl unterrühren. Jeweils 2-3 Eßlöffel Sauce über das angerichtete Carpaccio geben.

BŒUF STROGANOFF

ZUTATEN:

2 1/2 kg gut abgehangene
Rinderlende
500 g Schalotten
5 Tomaten
500 g Champignons
6-8 Gewürzgurken
100-150 g Butterschmalz
2-3 EL Mehl
1 l Fleischbrühe
2-3 EL mittelscharfer Senf
Saft von 1 Zitrone
Salz
500 g saure Sahne
250 g Crème fraîche

Das Fleisch in etwa 1 cm breite, 3 cm lange Streifen schneiden. Die Schalotten schälen und fein hacken. Die Tomaten kreuzweise einritzen und mit kochendem Wasser überbrühen. Dann häuten und ohne Stielansätze kleinwürfeln. Die Champignons putzen und in feine Scheiben schneiden. Die Gewürzgurken in dünne Scheiben schneiden.

Die Hälfte des Butterschmalzes in einer großen Pfanne erhitzen. Die Schalotten darin goldgelb werden lassen und mit Mehl bestäuben. Die Fleischbrühe angießen und bei schwacher Hitze etwa 10 Minuten köcheln lassen. Den Senf sowie den Zitronensaft dazugeben und mit Salz abschmecken.

Die Pilze, die Gewürzgurken, die Tomaten, die saure Sahne und die Crème fraîche unter die Sauce mischen und weitere 10 Minuten köcheln lassen.

Inzwischen in einer Pfanne das restliche Butterschmalz erhitzen und das Fleisch darin etwa 8 Minuten scharf anbraten. Es soll außen braun sein, muß aber innen rosa bleiben.

Das Fleisch mit dem Bratensatz unter die Sauce mischen und abschmecken. Dazu servieren Sie gekochten Reis.

PFIRSICH MELBA

Die Eiskugeln in Sektschalen portionieren. Die Pfirsichhälften darauf legen und mit dem Himbeermark überziehen. Die Desserts mit Pistazienkernen oder Mandelsplittern bestreuen und Sahnehäubchen darauf spritzen.

ZUTATEN PRO PERSON:
2 Kugeln Vanilleeis
2 Pfirsichhälften aus der Dose
2 EL Himbeermark
Außerdem
Pistazienkerne oder
Mandelsplitter zum Bestreuen
geschlagene Sahne nach
Belieben

Wenn der Kreis größer ist, sollten Sie ein warmes Buffet vorbereiten. Es lockert die Atmosphäre auf, die Kinder dürfen aufstehen, ohne um Erlaubnis zu bitten, und das Ganze verliert an Steifheit.

FÜR DAS BUFFET

Alle Rezepte für 30 Personen

POCHIERTER LACHS MIT BASILIKUMSAUCE

ZUTATEN:
3 ganze Lachsfilets, entgrätet
und enthäutet
1 Bund Petersilie
1 Zwiebel
1 l Weißwein
1/2 l Zitronensaft
3 EL schwarze Pfefferkörner
4 Lorbeerblätter
Salz
5 Blatt Gelatine
500 g Mayonnaise

Die Lachsfilets zusammen in eine große Serviette wickeln. Die Serviette zusammenbinden und in ein Fischsieb legen, das in einen großen, länglichen Topf paßt. Die Petersilie waschen. Die Zwiebel schälen und in Scheiben schneiden. Den Weißwein, den Zitronensaft, die Petersilie, die Pfefferkörner, Zwiebelscheiben, die Lorbeerblätter und etwas Salz in den Topf geben. Den Topf etwa bis zur Hälfte mit Wasser auffüllen und das Fischsieb hineinstellen. Der Fisch muß von der Flüssigkeit bedeckt sein, eventuell noch etwas Wasser zugießen. Alles zum Kochen bringen und zugedeckt bei schwacher Hitze etwa 40 Minuten köcheln lassen. Herausnehmen und abkühlen lassen.

Die Fischfilets aus der Serviette wickeln und auf einer großen Platte anrichten.

Die Gelatine 10 Minuten in kaltem Wasser einweichen.

Ausdrücken, in wenig heißem Wasser auflösen und unter die Mayonnaise rühren. Die Mayonnaise in den Kühlschrank stellen. Sobald sie beginnt, fest zu werden, den Lachs damit bestreichen. Mit Zitronenscheiben garnieren.

BASILIKUMSAUCE

Das Basilikum waschen und trockenschütteln. Die Blättchen von den Stielen zupfen und zusammen mit dem Weißwein in eine Schüssel geben. Mit dem Stabmixer pürieren. Die Mayonnaise sowie den Joghurt unterrühren und mit Salz sowie Pfeffer abschmecken.

ZUTATEN:
2 Bund Basilikum
250 ml Weißwein
250 g Mayonnaise
150 g Joghurt
Salz, schwarzer Pfeffer

GEFLÜGELSALAT

ZUTATEN:
3 Poularden
3 Bund Suppengrün
500 g Champignons
1 großes Glas
Schattenmorellen
1 Dose Ananas (850 g)
2 große Gläser Spargel
2 saftige, säuerliche Äpfel
400 g Mayonnaise
400 g Joghurt
Salz, schwarzer Pfeffer

Die Poularden in großen Töpfen mit Salzwasser bedecken. Das Suppengrün waschen und dazugeben. Zum Kochen bringen und zugedeckt in etwa 35 Minuten garen. Die Poularden aus der Brühe nehmen und abkühlen lassen. Häuten, das Fleisch von den Knochen lösen und kleinschneiden. (Brühe für andere Gerichte aufheben.)

Die Champignons putzen und in feine Scheiben schneiden. Die Schattenmorellen abgießen. Die Ananas abgießen und in mundgerechte Stücke schneiden. Saft aufheben und als Getränk verwenden. Den Spargel abgießen und in 2 cm lange Stücke schneiden. Die Äpfel schälen, vom Kerngehäuse befreien und in 1 cm große Würfel schneiden.

Die Mayonnaise in einer großen Schüssel mit dem Joghurt verrühren. Die vorbereiteten Zutaten gut untermischen. Mit Salz sowie Pfeffer abschmecken und 2-3 Stunden durchziehen lassen.

THUNFISCHSALAT
MIT WEISSEN BOHNEN

Den Thunfisch gut abtropfen lassen und mit einer Gabel zerpflücken. Die Bohnen in einem Topf mit reichlich Salzwasser bedecken, zum Kochen bringen und zugedeckt in etwa 1 1/2 Stunden gar kochen. Abgießen und abkühlen lassen.

Die Zwiebeln sowie den Knoblauch schälen und hacken. Die Petersilie waschen, trockenschütteln und ohne grobe Stiele fein hacken. Die Zwiebeln, den Knoblauch, die Petersilie, den Thunfisch und die Oliven unter die Bohnen mischen.

Das Olivenöl mit dem Essig, der Flüssigwürze, dem Senf und Salz sowie Pfeffer zu einer Marinade verrühren. Die Marinade über den Salat gießen, gut untermischen und alles 3-4 Stunden durchziehen lassen. Zwischendurch ab und zu durchmischen.

ZUTATEN:
750 g Thunfisch aus der Dose
1 kg getrocknete weiße Bohnen
3 große Zwiebeln
4-5 Knoblauchzehen
2 Bund Petersilie
1 großes Glas entsteinte schwarze Oliven
450 ml Olivenöl
150 ml Balsamico-Essig
1 TL Flüssigwürze
1 TL Senf
Salz, grobgemahlener schwarzer Pfeffer

HÜHNERCURRY MIT REIS

ZUTATEN:
3 Suppenhühner
3 Bund Suppengrün
150 g Butter
150 g Mehl
1 l Hühnerbrühe
250 g saure Sahne
250 g Crème fraîche
3-4 EL Currypulver
Saft von 2 Zitronen
Salz
1 Dose Ananasstücke (850 g)

Die Suppenhühner in große Töpfe geben und gut mit Salzwasser bedecken. Das Suppengrün waschen und in die Töpfe geben. Zum Kochen bringen und die Hühner zugedeckt in etwa 35 Minuten gar kochen. Aus der Brühe nehmen (Brühe aufheben) und abkühlen lassen. Die Hühner enthäuten. Das Fleisch von den Knochen lösen, in kleine Stücke schneiden und beiseite stellen.

Die Butter in einem großen Topf zerlassen. Das Mehl dazugeben und anschwitzen, ohne daß es Farbe annimmt. Die Mehlschwitze mit der Hühnerbrühe aufgießen und offen bei schwacher Hitze etwa 10 Minuten köcheln lassen. Die saure Sahne sowie die Crème fraîche unterrühren und etwas einkochen lassen.

Die Sauce mit Currypulver, Zitronensaft sowie Salz abschmecken. Die Ananasstücke sowie das Fleisch dazugeben und in etwa 5 Minuten erwärmen. Dazu schmeckt Reis.

TIP: Ist die Sauce zu dünnflüssig, rühren Sie noch etwas hellen Saucenbinder unter.

KALBSBRATEN IN ROSMARIN

Das Fleisch waschen, trockentupfen und rundherum gut salzen und pfeffern. Auf einem tiefen Blech mit Olivenöl begießen und Butterflöckchen belegen. Rosmarin waschen und die Nadeln abstreifen und 3 Teelöffel über das Fleisch streuen. Den Backofen auf 220 °C (Gas Stufe 5; Umluft 200) vorheizen. Schalotten und Möhren schälen. Die Möhren in kleine Stücke schneiden. Schalotten, Möhrenstücke und den restlichen Rosmarin um den Braten legen und 15 Minuten im Ofen (Gas Stufe 4; Umluft 200 °C) garen. Die Hitze auf 170 °C (Gas Stufe 2; Umluft 150 °C) reduzieren. Den Braten mit Kalbsfond und Weißwein begießen und weitere 2 Stunden braten. Dabei immer wieder mit dem Bratensaft begießen. Falls die Flüssigkeit verdampft ist, noch etwas Fond und Wein angießen. Den Braten in feine Scheiben schneiden und mit dem Gemüse sowie dem Bratensaft servieren.

ZUTATEN:
3 1/2 kg Kalbsschulter
Salz, weißer Pfeffer
150 ml Olivenöl
200 g Butter in Flöckchen
4 Zweige Rosmarin
1 kg Schalotten
8-10 Möhren
250 g Kalbsfond aus
dem Glas
1 l Weißwein

GERÖSTETE KARTÖFFELCHEN

Die Kartoffeln in einem großen Topf in etwa 30 Minuten gar kochen. Abgießen und pellen. Die Butter in großen Pfannen zerlassen und die Pellkartoffeln darin bei mittlerer Hitze goldbraun anbraten. Mit etwas Zucker bestreuen und salzen.

TIP: Falls Sie die Menge vergrößern oder verringern wollen: Man rechnet etwa 100–150 g Kartoffeln pro Person.

ZUTATEN:
4 kg kleine Kartoffeln
Butter zum Braten
Zucker, Salz

PANNACOTTA

ZUTATEN:
5 Vanilleschoten
250 g Zucker
2 1/2 l Schlagsahne
10 Blatt Gelatine

Die Vanilleschoten mit einem Messer längs aufschlitzen. Das Mark herauskratzen. Schoten, Vanillemark, den Zucker und die Schlagsahne zusammen in einen Topf geben, zum Kochen bringen und unter Rühren etwa 30 Minuten köcheln lassen. Die gekochte Sahne vom Herd nehmen.

Die Gelatine 10 Minuten in kaltem Wasser einweichen. Ausdrücken und in der Sahne unter Rühren auflösen. Die Vanillestangen entfernen. Die Sahne in eine große Schüssel füllen und im Kühlschrank fest werden lassen. Dazu passen Himbeerpüree und frische Himbeeren.

KÄSEKUCHEN

ZUTATEN:
Mürbeteig
200 g Mehl
100 g Zucker
100 g kalte Butter
1 Päckchen Vanillezucker
1 Ei
Belag
3 Eier
500 g Magerquark
250 g Sahnequark
150 g Zucker
100 g zerlassene Butter
1 Päckchen
Vanillepuddingpulver
1 Päckchen Vanillezucker
Schale von 1 unbehandelten
Zitrone
Außerdem
Butter für die Form
Mehl zum Ausrollen

Die Zutaten für den Teig rasch verkneten. Den Teig in Folie gewickelt 1/2 Stunde kühl stellen. Eine Springform von 26 cm Durchmesser ausfetten. Den Teig auf einer leicht bemehlten Arbeitsfläche etwas größer als die Form ausrollen. In die Form legen, dabei einen etwa 3 cm hohen Rand bilden.

Den Backofen auf 200 °C vorheizen. Die Eier trennen. Den Quark mit Eigelben, Zucker, Butter, Vanillezucker, Puddingpulver und Zitronenschale in einer Schüssel gut verrühren. Die Eiweiße steif schlagen und vorsichtig unter die Quarkmasse heben. Die Quarkmasse auf dem Teig glatt verstreichen. Den Kuchen im Ofen (Gas Stufe 3; Umluft 180 °C) 60 Minuten backen. Wenn er zu dunkel wird, mit einer Alufolie abdecken.

$\mathcal{A}$PFELTARTE MIT VANILLESAUCE

Jeweils die Platten eines Paketes Blätterteig übereinanderlegen und auf einer leicht bemehlten Arbeitsfläche etwas größer als die Form ausrollen. Die Formen mit kaltem Wasser ausspülen und die ausgerollten Teigplatten hineinlegen. Überstehenden Teig abschneiden. Den Backofen auf 200 °C (Gas Stufe 4; Umluft 180 °C) vorheizen.

Die Äpfel schälen, vierteln, vom Kerngehäuse befreien und in etwa 1 cm dicke Spalten schneiden. Die Apfelspalten schuppenförmig auf die Blätterteigböden in den Formen legen, mit Zucker bestreuen und mit Butterflocken belegen. Die Tartes im Ofen (Gas Stufe 3; Umluft 180 °C) jeweils etwa 25 Minuten backen.

Inzwischen den Vanillepudding nach Packungsanleitung mit 2 Eßlöffeln Zucker und 1 Liter Milch zubereiten und ca. 1 Stunde abkühlen lassen. Die Tartes lauwarm mit der kalten Vanillesauce servieren.

TIP: Wenn Sie die Tarte nicht direkt aus dem Backofen servieren können, wärmen Sie sie kurz in der Mikrowelle auf.

ZUTATEN:
für 4 Tarteformen von
ca. 25 cm Durchmesser:
4 Pakete aufgetauter
Tiefkühl-Blätterteig
8 säuerliche Äpfel
300 g Zucker
4 EL Butter in Flöckchen
Sauce
1 Päckchen Vanillepudding
2 EL Zucker
1 l Milch
Außerdem
Mehl zum Ausrollen

WENN SIE EINGELADEN SIND...

....

Was bringen Sie mit?

Es ist heute üblich (aber kein Muß!), der Gastgeberin oder dem Gastgeber eine Kleinigkeit mitzubringen. Es sollte, außer es ist ein Geburtstag, eine Hochzeit oder ähnliches, kein zu teures Geschenk sein. Beispielsweise eine CD, ein schönes Buch, Parfüm oder Golfbälle für einen Golfer (die verliert man nämlich ständig). Hübsch ist auch ein kleiner Silberrahmen, ein Übertopf oder ein schöner Aschenbecher. Jedoch besonders persönlich sind Geschenke aus Ihrer Küche. Ich habe eine Liste von Freunden, die ganz wild auf meine selbstgemachten Sachen sind, etwa auf Schmalz (Rezept Seite 148), Topfsuse (Rezept Seite 150) und Chiliöl (Rezept Seite 42). Auch Rosmarinöl, Knoblauch- Mayonnaise, Mango-Chutney und meine hausgemachten Konfitüren sind sehr beliebt. Hübsch verpackt, freut das Selbstgemachte so manchen mehr als ein teures Geschenk.

ROSMARINÖL

*ZUTATEN FÜR EINE
1-LITER-FLASCHE:*
1 l kaltgepreßtes Olivenöl
1 Zweig frischer Rosmarin
3-4 Knoblauchzehen (kein Muß)
2-3 kleine rote Chilischoten

Geben Sie den Rosmarinzweig, die ungeschälten Knoblauchzehen und die Chilischoten in eine hübsche helle Glasflasche, damit man sehen kann, was drinnen ist. (Für solche Zwecke sammle ich schöne Grappaflaschen.) Gießen Sie das Olivenöl darauf und verschließen Sie die Flasche mit einem Korken. Nach 3-4 Tagen hat das Olivenöl das Aroma von Rosmarin und Knoblauch angenommen und besitzt eine gewisse Schärfe.

KNOBLAUCH-MAYONNAISE

Die Eigelbe und den Senf mit einem Handrührgerät 2-3 Minuten rühren. Dann unter ständigem Rühren das Öl tröpfchenweise zugeben. Knoblauchzehen abziehen und durchpressen. Wenn die Mayonnaise steif ist, den Zitronensaft und den Knoblauch untermischen. Mit Salz und Pfeffer abschmecken. Die fertige Mayonnaise in hübsche Schraubgläser füllen. Sie ist im Kühlschrank 14 Tage haltbar.

TIP: Sie können die Mayonnaise mit etwa 150 g Joghurt verlängern, dann ist sie weniger fett.

*ZUTATEN FÜR ZWEI
1/2-LITER-GLÄSER:*
*2 Eigelb
1 TL mittelscharfer Senf
400 ml Sonnenblumenöl
2 Knoblauchzehen
Saft von 1 Zitrone
Salz, weißer Pfeffer*

MANGO-CHUTNEY

Die Tomaten überbrühen, häuten, entkernen und würfeln. Die Mango am Kern entlang halbieren, das Fruchtfleisch aus der Schale lösen und kleinschneiden. Ingwer schälen und würfeln. Chilischoten von Stielansatz und Kernen befreien und in dünne Streifen schneiden. Den Zucker in einer beschichteten Pfanne karamelisieren lassen und die vorbereiteten Zutaten hineingeben und darin schwenken. Mit dem Essig ablöschen und nach und nach den Weißwein und den Rotwein zugießen. Unter ständigem Rühren etwa 30 Minuten köcheln lassen, dabei den Orangensaft zufügen. Mit Salz und Zucker abschmecken. Abkühlen lassen und in Schraubgläser füllen.

*ZUTATEN FÜR DREI
1/4-LITER-GLÄSER:*
*350 g Tomaten
1 große Mango (ca. 500 g)
40 g Ingwer
2-3 rote Chilischoten
40 g Zucker
5 EL Weißweinessig
5 EL Rotwein
5 EL Orangensaft
1/2 TL Salz
1/2 TL Zucker*

GRIEBENSCHMALZ

*ZUTATEN FÜR DREI
1/4-LITER-GLÄSER:*
*1 kg Rückenfett vom
Schwein
1 große Zwiebel
1 großer Apfel (z. B. Boskop,
Cox Orange)
100 g Gänseschmalz
1 EL getrockneter Majoran*

Die Schwarte vom Rückenfett abschneiden. Das Fett in etwa 1 cm große Würfel schneiden, in einen Topf geben und bei schwacher Hitze in etwa 1 1/2 Stunden auslassen, bis es flüssig wird.

Inzwischen die Zwiebel schälen und fein hacken. Den Apfel schälen, vom Kerngehäuse befreien und ebenfalls fein hacken. Wenn die Fettstücke braun sind (das sind dann die »Grieben«), den Apfel, die Zwiebel sowie das Gänseschmalz dazugeben und etwa 20 Minuten köcheln lassen. Dann den Majoran unterrühren.

Das fertige Schmalz sofort in Gläser oder kleine Tontöpfe füllen und erkalten lassen.

MIRABELLENKONFITÜRE

*ZUTATEN FÜR VIER
1/4-LITER-GLÄSER:*
*1 kg Mirabellen
500 g Gelierzucker
Saft von 1 Zitrone*

Die Mirabellen waschen, von den Stielen befreien und entsteinen, im Mixer pürieren, das Fruchtmus mit Gelierzucker und Zitronensaft in einen Topf geben, gut verrühren und zum Kochen bringen und unter ständigem Rühren etwa 3 Minuten sprudelnd kochen lassen.

Die Konfitüre in Schraubgläser füllen, den Deckel gut verschließen und die Gläser für etwa 10 Minuten auf den Deckel stellen.

148

$\mathcal{A}$PFELGELEE

Die Äpfel waschen, nicht schälen, aber von Kerngehäusen und allen schadhaften Stellen befreien und vierteln. In einem großen Topf mit Wasser bedeckt zum Kochen bringen. Zitronenschale zufügen und nach etwa 1 Minute Kochzeit wieder entfernen. Die Äpfel noch 3-4 Minuten weiterkochen, vom Herd nehmen und etwa 12 Stunden ruhenlassen.

Die Apfelmasse durch ein Tuch in einen entsprechend großen Topf pressen. Das Tuch gut ausdrücken. Saft abmessen und pro Liter Saft 1 kg Zucker zufügen. Umrühren, bis sich der Zucker aufgelöst hat. Die Rosenblätter oder das Rosenöl und den Himbeer- oder Johannisbeersirup zufügen und langsam zum Kochen bringen. Während des Kochens immer wieder Schaum und Blütenblätter abschöpfen.

Nach 15 Minuten die erste Gelierprobe machen: Einen Teelöffel Flüssigkeit auf einen Unterteller geben und prüfen, ob sie fest wird. Der Kochvorgang kann bis zu einer Stunde dauern, je unreifer die Äpfel, desto weniger Zeit braucht das Gelee. Wenn die Flüssigkeit schließlich geliert, die bereitgestellten Gläser damit füllen. Gut verschließen und etwa 10 Minuten auf den Kopf stellen.

TIP: Kochen Sie das Apfelgelee in zwei großen Töpfen, damit es nicht überkocht und Sie tagelang die Herdplatte putzen müssen.

ZUTATEN FÜR SECHS 1/4-LITER-GLÄSER:
2 kg unreife Äpfel
Schale von 1 unbehandelten Zitrone
1 kg Zucker pro Liter Saft
1 Handvoll Rosenblätter oder 5 Tropfen Rosenöl
1/2 l Himbeer- oder Johannisbeersirup

TOPFSUSE

ZUTATEN:
500 g roher Schweinenacken
500 g roher Schweinebauch
4 Lorbeerblätter
4-6 schwarze Pfefferkörner
Salz

Das Fleisch in etwa 1 cm große Würfel schneiden und in einen Topf geben. Die Lorbeerblätter, die Pfefferkörner sowie etwas Salz hinzufügen und gut mit Wasser bedecken. Zum Kochen bringen und zugedeckt bei schwacher Hitze etwa 2 Stunden köcheln lassen, bis das Fleisch zerfällt. Zerstampfen und in Gläser oder kleine Tontöpfe füllen und erkalten lassen.

Das Rezept dieses köstlichen Brotaufstriches habe ich von Uschi Fischer-Fabian, der Frau des bekannten Schriftstellers Siegfried Fischer-Fabian. Wie in meinem ersten Kapitel beschrieben, frage ich immer, wenn mir etwas besonders gut schmeckt, die Hausfrau nach dem Rezept. So war das auch bei der Topfsuse.

GEMÜSESTRAUSS

Bringen Sie doch mal statt eines Blumenstraußes einen Gemüsestrauß mit. Man kann ihn in die Küche stellen und trocknen lassen und hat sehr lange etwas davon. Wenn ein Gemüse, etwa Zucchini oder Lauchzwiebeln, unansehnlich wird, ziehen man es einfach aus dem Strauß heraus.

Den Knoblauch, die Schalotten und die Zwiebel auf die Holzspieße stecken. Zucchini, Lauchzwiebeln und die langen Chilischoten stecken Sie auf den dicken Blumendraht. Binden Sie jeweils 3 kleine Chilischoten mit dem dünnen Blumendraht zu einem Sträußchen zusammen. Die Rosmarinzweige bilden die sogenannte Basis. Auch sie werden unten mit Blumendraht umwickelt.

Alle vorbereiteten Zutaten und die Lorbeerzweige vor sich auf den Tisch legen. Nun kann man mit dem Binden des Straußes beginnen. Erst nimmt man eine Basis in die Hand. Dann nach und nach 1 Knoblauch, 1 Schalotte, die Zucchini, die rote Zwiebel, daran lehnt man wieder eine Basis, um dem Ganzen Halt zu geben, dann folgen weitere Zutaten, usw. Zum Schluß werden die Lorbeerzweige außen herumgesteckt und der Strauß mit Bast zusammengebunden.

ZUTATEN

für einen mittelgroßen, nicht zu schweren Strauß:
3-4 ganze Knoblauchknollen
3-4 Schalotten
1 mittelgroße rote Zwiebel
1-2 Zucchini
2 Lauchzwiebeln
5 ca. 6-8 cm lange rote Chilischoten
9 kleine rote Chilischoten
3-4 Zweige frischer Rosmarin, ca. 15 cm lang
6-8 Zweige Lorbeer
1 Päckchen Schaschlikspieße aus Holz
ca. 10 dicke Blumendrähte, ca. 30 cm lang
50 cm dünner Blumendraht

Wie bedanken Sie sich für die Einladung?

Selbstverständlich freut sich jede Gastgeberin auch über Blumen. Man kann sie mitbringen, aber auch am Tag vorher oder danach schicken.

Zu einer Cocktailparty oder einem Brunch ist es nicht üblich, etwas mitzubringen. Vor allem keine Blumen, wo soll man auch die vielen Vasen hernehmen.

Aber natürlich können Sie vorher oder in den Tagen danach als »Dankeschön« Blumen schicken. Überhaupt freut sich jede Gastgeberin, wenn sich die Gäste hinterher bedanken. Telefonisch oder schriftlich oder eben mit Blumen.

Sehr sinnvoll finde ich übrigens, wenn bei Hochzeiten Geschenklisten in ein oder zwei Geschäften der Stadt ausliegen. Das Brautpaar kann sich aussuchen, was es braucht, vor allem, was ihm gefällt, und ist gefeit gegen Scheußlichkeiten, die manchmal zu diesen Gelegenheiten verschenkt werden. Wie furchtbar, wenn man immer den röhrenden Hirsch von Erbtante Paula aufhängen muß, wenn sie zu Besuch kommt!

Zu meiner Hochzeit ritt meine schwedische Freundin Ulla auf einem Besen herein, der von oben bis unten behängt war mit Sachen für den Haushalt: Büchsenöffner, Schöpfkelle, ein kleines Sieb, bunte Staubtücher, Küchenmesser, Kartoffelschäler, eine Reibe usw.

Das war das witzigste und vor allem praktischste Geschenk, das wir bekommen haben.

Tip:

Schreiben Sie Ihren Namen auf das Geschenk oder legen Sie eine Karte dazu, sonst weiß der Beschenkte später beim Auspacken nicht, von wem was ist.

Auch ein Gemeinschaftsgeschenk kann sehr sinnvoll sein. Mehrere Freunde tun sich zusammen und erfüllen einen etwas teureren Wunsch.

Was ziehen Sie an?

»Was soll ich bloß anziehen?« Das kennt wohl jeder Ehemann, und manch einer reagiert darauf mit Unverständnis. Er hat ja auch kein Problem damit. Wenn auf der Einladung steht »dunkler Anzug« oder »Smoking«, ist sowieso alles klar, und zu fast allen anderen Einladungen ist ein Blazer mit einer Flanellhose immer richtig.

Und diese drei »Outfits« kann er auch noch jahrelang tragen, ohne daß es jemandem auffällt!

Bei den Damen ist das etwas völlig anderes. Erstens können und wollen sie nicht immer das gleiche anziehen, und zweitens ist es unangenehm, zu »under«- oder »overdressed« zu erscheinen.

Wenn Sie unsicher sind und die Möglichkeit haben, den Gastgeber oder die Gastgeberin zu fragen, dann tun Sie das. Manchmal geht das aber nicht, und Sie müssen selbst eine Entscheidung fällen.

Grundsätzlich kann man anziehen, was man will. Es gibt keine »Modediktate« mehr. Es sollte aber dem Anlaß entsprechen und hübsch und gepflegt aussehen. Jede Gastgeberin freut sich, wenn ihre Gäste sich schön machen (ich jedenfalls). Bei großen Einladungen wie Hochzeiten, runden Geburtstagen usw. steht auf den schriftlichen Einladungen meistens eine Kleidervorschrift wie »dunkler Anzug« oder »Smoking«. Beim dunklen Anzug bedeutet das für die Damen »Cocktailkleid« und beim Smoking »Abendkleid«, das heute kurz oder lang sein kann.

Das »kleine Schwarze« muß kein Kleid, es kann auch ein Kostüm sein. Ich mache Ihnen jetzt ein paar Vorschläge, wie Sie sich mit einer Grundgarderobe von fünf einzelnen Teilen fünfmal verschieden anziehen können.

Kaufen Sie sich ein Kostüm mit einer langen Jacke und eine Hose aus dem gleichen Stoff, am besten schwarz oder dunkelblau. Das paßt immer. Wählen Sie einen Stoff, den man ganzjährig tragen kann, zum Beispiel einen Wollgeorgette oder einen leichten Gabardine. Dazu eine kurze Jacke, entweder in schwarz-weiß oder blau-weiß pepita oder karo, oder wenn Sie etwas mutiger sind, kann sie auch rot sein. Der Stoff sollte entweder in der Struktur zum Stoff des Kostüms passen oder aus Seide sein. Seide kann man immer mit Wolle kombinieren. Als fünftes Teil legen Sie sich noch eine weiße Seidenbluse zu.

ZUM KOMBINIEREN:
EIN KOSTÜM MIT
EINER LANGEN JACKE,
EINE WEISSE BLUSE,
EINE KURZE JACKE UND
EINE LANGE HOSE.

Nun können Sie Ihre Garderobe wunderbar kombinieren. Je nach Anlaß oder Gelegenheit.

1. Zu einem geschäftlichen Mittagessen: kurze Jacke mit Rock

2. Zum Abendessen bei Freunden: lange Jacke mit Hose

3. Zum Geburtstagsempfang bei Tante Olga: lange Jacke mit Rock

4. Zur Cocktailparty: die kurze Jacke mit Hose

5. Zum Brunch: die weiße Bluse mit Hose. Wenn Ihnen die Seidenbluse zu elegant erscheint, hängen Sie sich einen Pullover um die Schultern.

Zu dieser Grundgarderobe gehören Schuhe und Handtasche in der Farbe des Kostüms. Falsche Schuhe und Tasche können das schönste Outfit zunichte machen.

Am Tag – vor allem im Frühjahr oder Sommer – sollten Sie zum Rock helle Strümpfe tragen. (Zu offiziellen Anlässen nie ohne Strümpfe!)

Für den Abend machen dünne blaue oder schwarze Strumpfhosen das Ganze eleganter.

Legen Sie sich nach und nach Accessoires zu, wie ein paar hübsche Ohrringe, Gürtel und Tücher. Damit sehen die Kombinationen jedesmal wieder anders aus.

Zu einer Brotzeit oder einem Brunch können Sie sich grundsätzlich leger anziehen. Das heißt, der Herr braucht keine Krawatte, und auch Jeans sind zu dieser Gelegenheit inzwischen gesellschaftsfähig.

Zu einem Mittag- oder Abendessen sind Sie in einem Kleid, Kostüm oder Hosenanzug immer passend angezogen (hier

DAS »KLEINE SCHWARZE« IST FÜR DIE GROSSE PARTY IMMER RICHTIG

WIE KOMBINIERE ICH?

LANGE JACKE MIT
KURZEM ROCK

LANGE JACKE MIT
HOSE

KURZE JACKE MIT
HOSE

KURZE JACKE
MIT ROCK

Alle Modelle: Maja of Munich

WEISSE BLUSE MIT HOSE   GRÖSSERES COCKTAILKLEID   ABENDKLEID

sind Jeans allerdings nicht angebracht). Auch zu einer Cocktailparty können Sie in einem eleganten Kostüm oder Hosenanzug erscheinen, wie gesagt, es gibt kein Modediktat mehr, aber immer richtig ist das »kleine Schwarze«. Das paßt zu jeder größeren Einladung, damit liegen Sie nie falsch. Eine Frau jeden Alters sollte ein solches Teil im Schrank haben.

Legen Sie sich ein Gästebuch zu

Es ist schön, wenn Sie ein Gästebuch haben, in das sich die Gäste eintragen und vielleicht auch etwas hineinschreiben können. Ich bitte immer darum, sich mit vollem Namen und möglichst leserlich einzutragen, da man später vielleicht nicht mehr weiß, welche Heidi, welcher Peter oder Klaus da waren. Da das mit dem »leserlich« aber nicht immer so ganz klappt, führe ich seit einigen Jahren noch extra »Buch«. Ich schreibe auf, wer da war, was ich gekocht habe und wer wo gesessen hat. Diese »Buchführung« hat sich sehr bewährt, da ich meinen Gästen dann nicht mehrmals hintereinander das gleiche vorsetze und nicht immer dieselben Leute zusammen einlade. So, nun habe ich Ihnen alles, was ich im Laufe der Jahre als Gastgeberin an Erfahrungen gesammelt habe, verraten. Ich hoffe, daß Sie davon profitieren können und vor allem Mut bekommen haben, selbst Gäste einzuladen. Ganz egal, wie groß Ihre Wohnung ist. Ein paar Freunde passen immer hinein. Fangen Sie klein an. Sie werden sehen, es macht Spaß. Und denken Sie immer daran, Sie müssen nicht perfekt sein!

GÄSTEBÜCHER GIBT ES IN GESCHENKARTIKEL- GESCHÄFTEN ZU KAUFEN, IN MÜNCHEN ETWA BEI ETCETERA

158

REGISTER

Bildnachweis

Getty Images: alle Hintergrundmotive ab Seite 6/7
Angela Francisca Endress: 3, 4 oben, 5 oben
Mosaik Verlag/Endress: 12/13, 13, 23, 25, 27, 33, 52/53, 53, 73, 96/97, 97, 104, 113, 118, 133, 135
Mein schöner Garten/Endress: 5 Mitte, 124/125
Bärbel Miebach: 4 unten, 5 unten, 10, 35, 57, 68, 70, 76, 80, 84, 151, 158
Mosaik Verlag/Miebach: 14, 20, 39, 58, 144/145, 145, 146, 147, 148, 149, 150
Mosaik Verlag/Eising: 87, 111
StockFood/Eising: 9, 15, 16, 19, 31, 41, 44, 49, 51, 67, 79, 98, 108, 139
Food-Box: 29, 48, 95
Thomas Michael Gehm: 2/3
Sigi Hengstenberg: 7
Interfoto: 8
Jahreszeiten-Verlag/Brackrock: 47 / Kowall: 6 / Schwan: 18 / Stange: 21

Mode-Illustrationen: Klaus Zey, München

© für die Originalausgabe: 1998 Mosaik Verlag München
in der Verlagsgruppe Bertelsmann
© für die vorliegende Ausgabe: 2003 by Mary Hahn Verlag
in der F. A. Herbig Verlagsbuchhandlung GmbH, München
Alle Rechte vorbehalten
Redaktionsleitung: Halina Heitz
Bildredaktion: Helga August
Bearbeitung und Redaktion: Gabriele Redden, München
Buchgestaltung und Herstellung: Noëlle Thieux, Magic Design, München
Titelfoto: Photonica, T. Shinoda
Foto Umschlagrückseite: Sigi Hengstenberg
Umschlaggestaltung: Design Team, München
Reproduktionen: Artilitho, Trento
Druck und Bindung: Alcione, Trento
Printed in Italy
ISBN 3-87287-514-0